StyleCityTravel

BERLIN

STÄ

StyleCityTravel

BERLIN

Mit über 400 Farbbildern und 5 Karten

CHRISTIAN VERLAG

Inhalt

Übersetzung aus dem Englischen und Bearbeitung:
Tracey J. Evans
Redaktion: Sylvi Zähle
Korrektur: Dr. Michael Schenkel
Umschlaggestaltung: Isabella Marker, isadesign
Satz: Carmen Marchwinski, München

www.christian-verlag.de

Die Originalausgabe mit dem Titel *StyleCity Berlin* erschien
erstmals in Großbritannien bei
Thames & Hudson Ltd, London

Serienkonzept und Redaktion: Lucas Dietrich
Text: Siân Tichař und Nils Peters
Fotos: Robert Lyons, außer:
Ralf Feldmeier: S. 134 links, S. 137
Dirk Schaper: S. 120, 121
Engelbrecht: S. 139 links
Savoy Hotel: S. 132
Gestaltungs- und Kartenkonzept: The Senate
Design: Grade Design Consultants
Karten: Peter Bull

Druck und Bindung: C & C Offset Printing Co Ltd,
Hongkong
Printed in China

ISBN 3-88472-626-9

HINWEIS

Alle Informationen und Hinweise, die in diesem Buch enthalten sind, wurden von den Autoren nach bestem Wissen erarbeitet und von ihnen und dem Verlag mit größtmöglicher Sorgfalt überprüft. Unter Berücksichtigung des Produkthaftungsrechts müssen wir allerdings darauf hinweisen, dass inhaltliche Fehler oder Auslassungen nicht völlig auszuschließen sind. Für etwaige fehlerhafte Angaben können Autoren, Verlag und Verlagsmitarbeiter keinerlei Verpflichtung und Haftung übernehmen. Korrekturhinweise sind jederzeit willkommen und werden gern berücksichtigt.

Über dieses Buch

Dieser Travel-Guide stellt Ihnen die Metropole Berlin in zwei großen Kapiteln vor: **Straßenweise** und **Berlins Style-Adressen.**

Straßenweise orientiert sich an den Stadtvierteln und beschreibt Gebiete, die man im Laufe eines Tages zu Fuß erkunden kann. Dabei präsentiert es eine vielseitige Auswahl an Cafés, Läden, Restaurants, Museen, Veranstaltungsorten und Bars, die echte Insidertipps, angesagte Treffs oder für die Umgebung charakteristisch sind. Vor jeder Empfehlung steht eine Zahl, die sich auf die Karte des Kapitels bezieht. Diese soll als grobe Orientierung die Distanz zu bedeutenden Sehenswürdigkeiten veranschaulichen. Die Beschreibung der Empfehlungen im Kapitel folgt der Nummerierung in der Karte.

Berlins Style-Adressen stellt die besten und charakteristischsten Hotels **(Schlafen),** Restaurants **(Essen),** Cafés und Bars **(Trinken),** Boutiquen und Geschäfte **(Shopping)** und Ausflugsziele **(Raus aus der Stadt)** vor. Den **Style-Adressen** sind jeweils zwei Nummern vorangestellt: Die obere verrät die Buchseite der Umgebungskarte, auf der die Adresse zu finden ist, die untere die Nummer, mit der sie auf der Karte bezeichnet ist.

Man könnte einen Städtetrip zum Beispiel damit beginnen, aus **Berlins Style-Adressen** ein Hotel auszuwählen. Nach der Ankunft hilft das entsprechende Kapitel in **Straßenweise** dabei, ein Plätzchen für einen Kaffee zu finden, und weckt zugleich Ihre Aufmerksamkeit für ein spannendes Museum in der Nähe. Nach dem Lunch möchten Sie sich vielleicht in einer kleinen, kreativen Boutique aus dem Abschnitt **Shopping** umsehen. Sie suchen nach der Top-Adresse für ein denkwürdiges Dinner-Erlebnis? Ziehen Sie wieder das Kapitel in **Straßenweise** zurate und lassen Sie sich per Querverweis auf den Abschnitt **Essen** unter **Berlins Style-Adressen** in ein außergewöhnliches Restaurant führen.

Zu jedem Eintrag ist die Adresse angegeben. Alle Einträge in alphabetischer Folge, komplett mit Adresse, Telefonnummer, Internetadresse und der Seitenzahl mit der Beschreibung des entsprechenden Eintrags finden Sie im **Adressenverzeichnis** am Ende des Buches.

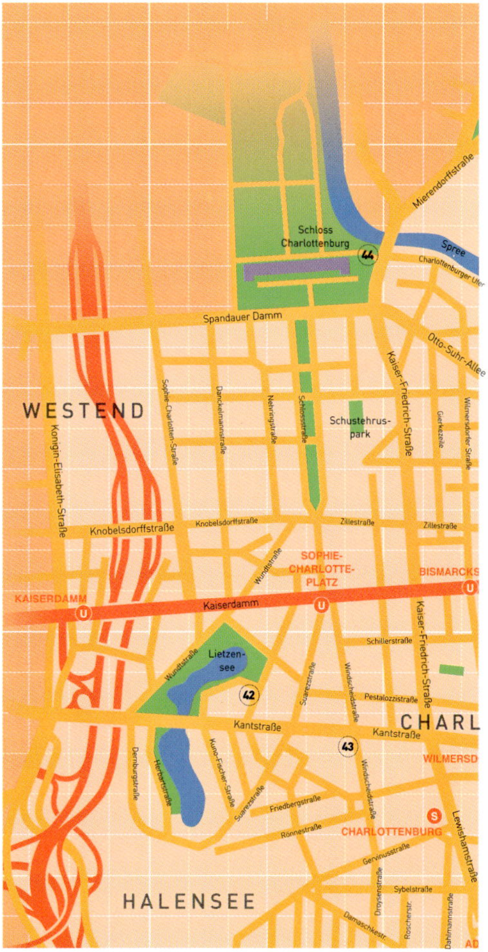

Legende

2 Empfehlung

Museum, Sehenswürdigkeit

Platz, Park

U S U-Bahn-Station

Straße

BERLIN STELLT SICH VOR

Unter Europas Hauptstädten nimmt Berlin eine besondere Stellung ein. Es ist die Verkörperung der Geschichte und Kultur Mitteleuropas, eine Stadt der Extreme, in der Kunst, Kultur und Weltpolitik zu einem einzigartigen urbanen Konstrukt verschmolzen sind. Auf Schritt und Tritt stößt man auf sehr gegensätzliche Zeugen der bewegten Historie der Stadt: Im Schloss Charlottenburg residierten über 200 Jahre lang die Hohenzollern – im futuristischen Neubau des Kanzleramtes bestimmt heute der Bundeskanzler über die Zukunft des Landes. Der Alexanderplatz ist ein Paradebeispiel sozialistischer Architektur – der Ku'damm steht für hemmungslosen Konsum. Die wunderschön sanierten Innenhöfe in der Spandauer Vorstadt und im Prenzlauer Berg künden von der Zeit der Industrialisierung und vom reichen jüdischen Kulturleben der Stadt – die hypermodernen Wolkenkratzer am Potsdamer Platz symbolisieren den Aufbruch in ein neues Zeitalter, in ein neues Deutschland und Europa.

Verschiedenste politische Ordnungen haben Berlin geprägt, bedeutende Persönlichkeiten lenkten die Geschicke der Stadt und förderten Kunst, Kultur und Wissenschaft, doch nicht alle Herrscher führten Gutes im Sinne. Viele hinterließen bittere Narben – allen voran Adolf Hitler, der Berlin als »Germania« zur Hauptstadt eines Weltreiches ausbauen wollte. Seine wahnwitzigen Pläne endeten damit, dass die Metropole 1945 in Schutt und Asche lag. Mit Stärke und Zähigkeit bauten die Berliner ihre Stadt wieder auf. Doch der nächste Schicksalsschlag war durch die Nachkriegs-Aufteilung Berlins in vier Sektoren vorprogrammiert: 1961 ließ die SED-Führung eine Mauer errichten, die 28 Jahre lang unüberwindbar durch das Herz der Stadt schnitt. Ostberlin wurde das Aushängeschild der sozialistischen DDR; Westberlin entwickelte sich zum politischen Kuriosum, zur Insel mitten im Ostblock, ein Nährboden für alternative Lebens- und Kulturformen, die die Stadt bis heute prägen. Diese Teilung ist der Aspekt der Berliner Stadtgeschichte, der für die meisten Berliner und Besucher am greifbarsten ist, haben sie doch fast alle den 9. November 1989 miterlebt, den

Tag, an dem die Mauer fiel und sich Zehntausende am Brandenburger Tor in den Armen lagen. Zwei Jahre später beschloss die deutsche Regierung, ihren Sitz wieder nach Berlin zu verlegen. Seither hat sich Berlin zu einer der spannnendsten Städte Europas und einer einflussreichen kulturellen wie politischen Macht entwickelt – ein wahrer Global Player.

Die Berliner sind den wechselnden Ordnungen und Regimen stets mit subversiver, manchmal bitterer Ironie entgegengetreten. Dabei haben sie nie die Fähigkeit verloren, hinter »des Kaisers neue Kleider« zu blicken. Und sie begegnen fast allen politischen und kulturellen Entwicklungen, allen internationalen und nationalen Einflüssen mit Toleranz – eine Tatsache, die immer schon Künstler, Idealisten, Lebenshungrige und Abenteuerlustige aus der ganzen Welt in die Hauptstadt gezogen hat. Nie hat sich dies so grandios manifestiert wie in den Goldenen Zwanzigerjahren, als Kunst und Kultur wahre Höhenflüge erlebten und Kabaretts und Varietes, Kaffeehäuser und Lokale aus dem Boden schossen. In dieser Zeit gründet Berlins Ruf als Metropole einer einfallsreichen Subkultur, die bis heute nichts an Faszination verloren hat: Die explosive Kreativität von Designern, Architekten und Künstlern, die seit 1989 im ehemaligen Ostteil der Stadt einen willkommenen, quasi »jungfräulichen« Nährboden fand, ist spannend, ständig in Veränderung begriffen und hautnah erlebbar.

Als Besucher wandelt man ehrfürchtig auf den historischen Spuren der Stadt: Sei es auf dem Prachtboulevard Unter den Linden, auf der Museumsinsel mit ihren einmaligen Sammlungen, im Schloss Charlottenburg oder auf den jüdischen Friedhöfen in Prenzlauer Berg und Weißensee. Gleichzeitig spürt man jedoch allerorten den frischen Wind der neuen Zeit, der durch eine Stadt fegt, die ihre Identität als wiedergeborene deutsche Hauptstadt und als Metropole in der neuen Mitte Europas stetig sucht und vielerorts schon gefunden hat. Berlin ist jung, aufregend, pulsierend, nervös, anstrengend und rund um die Uhr voller Leben – manchen mag das mit Euphorie erfüllen, manchen eher mit Skepsis, doch niemand wird sich dem Bann, der von dieser unvergleichlichen Stadt ausgeht, entziehen können.

Straßenweise

Mitte • Potsdamer Platz • Kreuzberg • Friedrichshain • Prenzlauer Berg • Schöneberg • Tiergarten • Charlottenburg • Wilmersdorf

MS

Mitte
Potsdamer Platz

WEDDING
PRENZLAUER BERG
TIERGARTEN
MITTE
KREUZBERG
EBERSWALDER STRASSE
REINICKENDORFER STRASSE
SCHWARTZKOPFFSTRASSE
NORDBAHNHOF
ZINNOWITZER STRASSE
ROSENTHALER PLATZ
SENEFELDERPLATZ
ROSA-LUXEMBURG-PLATZ
ORANIENBURGER TOR
ORANIENBURGER STRASSE
WEINMEISTERSTRASSE
HACKESCHER MARKT
ALEXANDERPLATZ
SCHILLINGSTRASSE
FRIEDRICHSTRASSE
KLOSTERSTRASSE
JANNOWITZBRÜCKE
UNTER DEN LINDEN
FRANZÖSISCHE STRASSE
HAUSVOGTEIPLATZ
STADTMITTE
SPITTELMARKT
MOHRENSTRASSE
POTSDAMER PLATZ
MENDELSSOHN-BARTHOLDY-PARK
Danziger Straße
Kastanienallee
Schönhauser Allee
Prenzlauer Allee
Kollwitzplatz
Senefelderplatz
Veteranenstraße
Volkspark am Weinberg
Brunnenstr.
Invalidenstraße
Chausseestraße
Heidestraße
Torstraße
Rosenthaler Straße
Karl-Liebknecht-Straße
Mollstraße
Karl-Marx-Allee
Alexanderstraße
Grunerstraße
Monbijoupark
Bodemuseum
Pergamonmuseum
Alte Nationalgalerie
Neues Museum
Altes Museum
Berliner Dom
Dom Aquarée
Spandauer Straße
Schlossplatz
Unter den Linden
Friedrichstraße
Wilhelmstraße
Französische Straße
Gendarmenmarkt
Leipziger Straße
Stralauer Straße
Reichstag
Platz der Republik
Brandenburger Tor
Straße des 17. Juni
Tiergarten
Ebertstraße
Entlastungsstr.
Willy-Brandt-Str.
1 Kilometer
Lennéstraße
Bellevuestraße
Voßstraße
Tiergartenstraße
Philharmonie
Entlastungsstraße
Potsdamer Straße
Alte Potsdamer Straße
Marlene-Dietrich-Platz
Staatsbibliothek
Neue Nationalgalerie
Reichpietschufer
Schöneberger Ufer
Stresemannstraße
Linkstraße
Köthener Straße
Bernburger Straße
Dessauer Straße
Mendelssohn-Bartholdy-Park
Lützowstraße
Am Karlsbad
Sigismundstraße
Stauffenbergstraße
Hitzigallee
Scharounstr.

Ein Spaziergang durch die alte neue Mitte ist wie ein Streifzug durch Berlins Vergangenheit. Kein anderer Teil von Berlin ist von der oft schmerzhaften Geschichte der Stadt geprägt worden wie dieser: Hier liegen die Prachtboulevards Unter den Linden und Friedrichstraße. Die einstigen jüdischen Wohnbezirke und die sozialistischen Plattenbauten hat sich eine junge Künstleravantgarde erobert. Der Alexanderplatz, auf ganz eigene Art imposant, steht (noch) nahezu unverändert – ein Freilichtmuseum der untergegangenen DDR.

Berlins Vorzeigeboulevard Unter den Linden galt als Macht- und Prachtmeile, bis die Bomben des Zweiten Weltkriegs viele Gebäude in Schutt und Asche legten. Zu DDR-Zeiten wirkte die Allee eher gespenstisch, hatte man doch stets ihr abruptes Ende am Brandenburger Tor vor Augen. Heute lässt es sich Unter den Linden und in der Friedrichstraße wieder herrlich flanieren, vorbei an Kirchen und Museen, Geschäften und Restaurants.

Wie Phönix aus der Asche ist auch die Spandauer Vorstadt, einst der ärmliche »Hinterhof« Berlins, auferstanden. Die wunderschön sanierten Hackeschen Höfe stellen das wohl attraktivste Beispiel für die typischen, miteinander verbundenen Höfe im Viertel dar – lange dem Verfall preisgegeben, sind sie heute Passagen mit originellen Cafés und Boutiquen. Die Synagoge in der Oranienburger Straße und die umliegenden koscheren Restaurants symbolisieren das wieder erblühende jüdische Gemeindewesen in der Stadt.

Wie ein harter und doch reizvoller Kontrast zum kulturellen Erbe in Mitte wirkt der Potsdamer Platz, der strahlend und hochmodern aus dem Ödland im Grenzgebiet zwischen den beiden Deutschlands auferstanden ist. Der Platz, in der Weimarer Republik Inbegriff ihrer verfeinerten urbanen Lebensweise, ist heute wieder ein wichtiger Knotenpunkt. Kühne Hochhausentwürfe internationaler Stararchitekten symbolisieren nicht nur Deutschlands Vereinigung, sondern machen gleichzeitig die Bedeutung der Stadt als Tor zum Osten Europas sichtbar. Die Botschaft ist eindeutig: Die Viertel, die viel zu lange dem Vergessen und dem Verfall preisgegeben waren, sind heute wieder das pulsierende Herz von Berlin.

VOM AUSRUFEZEICHEN ZUM WAHRZEICHEN

1 Berliner Fernsehturm

Alexanderplatz

Viele Weltstädte sind stolz auf ihre modernen Funk- oder Aussichtstürme, dieser jedoch war zugleich eine der ersten markanten Silhouetten der Berliner Skyline. 1965 befand SED-Generalsekretär Walter Ulbricht, das Zentrum von Ostberlin brauche einen starken Sender. Der 368 Meter hohe Turm sollte auf dem Alexanderplatz stehen, überall in Berlin sichtbar sein und damit gleichzeitig ein architektonisches wie politisches Zeichen setzen. Für die Architekten eine echte Herausforderung, denn zur damaligen Zeit gab es kaum Erfahrungen mit solch hohen Gebäuden im Herzen einer Stadt. Nach vier Jahren Bauzeit wurde der »Telespargel« schließlich 1969 fertig gestellt. Er ist immer noch ein beliebtes Wahrzeichen Berlins. Ein schneller Lift führt hinauf zur verglasten Aussichtsplattform auf 203 Metern und zum Drehrestaurant auf 207 Meter Höhe. Nirgendwo sonst in Berlin gewinnt man einen so umfassenden, eindrucksvollen Überblick über die Metropole und ihr Umland.

KULTUR-EILAND

2 Museumsinsel

Am Kupfergraben/Spreeufer

Auf einer Insel in der Spree, treffend Museumsinsel getauft, steht eine einmalige Hommage an Geschichte, Kunst und die Errungenschaften der Menschheit. Friedrich Wilhelm IV. stiftete das Areal feierlich »der Kunst und der Wissenschaft« und ließ zwischen 1824 und 1930 fünf beeindruckende Museen errichten. Die Museumsinsel erlitt bei der Bombardierung Berlins und durch die anschließende Vernachlässigung in den Jahren der Teilung schwere Schäden. 1999 nahm die UNESCO das Ensemble in die Liste des Weltkulturerbes auf. Ein umfassendes Restaurierungsprojekt unter der Leitung des britischen Architekten David Chipperfield, das 2020 abgeschlossen sein soll, wird die Museen unter anderem durch unterirdische Gänge miteinander verbinden, auch ihre Sammlungen werden neu geordnet. Höhepunkt ist zweifellos die bedeutendste Sammlung antiker Artefakte der Welt: das Pergamonmuseum. Es wurde nach dem hier ausgestellten 16 Meter hohen Zeusaltar benannt, der aus einem königlichen Tempel im türkischen Bergama stammt und auf das Jahr 164 v. Chr. datiert wird. Zur Museumsinsel gehören außerdem das Neue Museum für Menschheitsgeschichte, das voraussichtlich 2009 wieder eröffnet wird; die Alte Nationalgalerie; das Bodemuseum, das mittelalterliche Münzen, Skulpturen und Kunstobjekte zeigt (Wiedereröffnung 2006); und das Alte Museum mit seiner Antiken- und Skulpturensammlung, an dessen Fassade man die Bombenschäden von 1943 inzwischen beseitigt hat. Die Museen überblickt Berlins 1905 fertig gestellte protestantische Kathedrale: der Berliner Dom. Man kann ihn besichtigen, und wenn Sie ein paar Hundert Stufen verkraften – die Vogelperspektive von der um die ganze Domkuppel führenden Balustrade hinunter auf Museumsinsel und Stadt ist atemberaubend. Faszinierende Ein- und Ausblicke ganz anderer Art bietet der AquaDom im DomAquarée-Gebäudekomplex direkt gegenüber: Mit einem gläsernen Fahrstuhl gleiten Besucher langsam einen 25 Meter hohen Acrylzylinder mit einem künstlichen Riff nach oben, Auge in Auge mit bunten Korallen, Nashorn-, Kaiser- und Lippfischen.

GESCHICHTE IM WERDEN

3 Deutsches Historisches Museum

Unter den Linden 2

»Aufklärung und Verständigung über die gemeinsame Geschichte von Deutschen und Europäern« mit Schwerpunkt auf »dem Bestreben, den Bürgern unseres Landes zu helfen, eine Vorstellung zu entwickeln, wer sie als Deutsche und Europäer sind, als Bewohner einer Region und Mitglieder einer Weltzivilisation«: Das ist das offizielle Ziel des Museums, das in einem Gebäude untergebracht ist, dessen Funktion sich seit der Grundsteinlegung am 28. Mai 1695 unter Kurfürst Friedrich III. von Brandenburg (nach 1701 König Friedrich I. von Preußen) fundamental geändert hat. Was als Berliner Zeughaus und damit als Waffendepot des preußischen Militärs begann, wurde 1990 das Deutsche Historische Museum. Damals übernahm das 1987 gegründete Westdeutsche Historische Museum, das zu diesem Zeitpunkt noch keine feste Heimat gefunden hatte, das Gebäude, die Sammlungen des Zeughauses und den früheren Hausherrn, das Ostdeutsche Museum für Deutsche Geschichte. Kürzlich hat man das Gebäude, das nach 1815 von Karl Friedrich Schinkel renoviert worden war, um einen zeitgenössischen Anbau erweitert. Der als »Meister des Lichts« und »Magier des Raums« apostrophierte chinesisch-amerikanische Architekt I. M. Pei, berühmt für seine Glaspyramide vor dem Pariser Louvre, erhielt den Auftrag, das Museum neu zu interpretieren. Sein lichtdurchfluteter Bau aus Glas und Marmor mit dem spiralförmigen Treppenhaus öffnete zusätzliche 2700 Quadratmeter für wechselnde Ausstellungen. Sie ergänzen die 7500 Quadratmeter des Zeughauses, das Deutschlands bewegte Geschichte vom 9. Jahrhundert bis zur Gegenwart in einer Dauerausstellung präsentiert.

COCKTAILS MIT AUSSICHT

4 Bar

Karl-Marx-Allee 36

Dank der gewaltigen Glasfassade sitzt man in der Bar wie in einem Schaufenster. Der großzügige Raum blickt auf den 90 Meter breiten Prachtboulevard Karl-Marx-Allee (s. S. 71). Auf diese dramatische architektonische Kulisse richtet der Neuzugang in der Berliner Barlandschaft sein volles Augenmerk, und so gibt es im Lokal selbst, abgesehen von der ab zehn Uhr abends fröhlich lärmenden Szene-Gesellschaft, nicht viel zu sehen. Einen guten Überblick über den Trubel hat man von der etwas ruhigeren ersten Etage.

MESSERSCHARF AM TREND

5 WMF

Karl-Marx-Allee 34/Ecke Schillingstraße

Den Namen ihres Clubs haben die Betreiber des WMF aus der ehemaligen Fabrik für Tafelbestecke (Württembergische Metallwarenfabrik) entliehen, Teile der Einrichtung aus dem Palast der Republik. Einige Verwandlungen und Ortswechsel brachte der Club hinter sich, bevor er das wurde, was er jetzt ist: ein Partybrennpunkt für Freunde elektronischer Tanzmusik mit eigenem Radiosender und drei Plattenlabels, die in der Electrosound-Szene Zeichen setzen. Der angesagte Club im ehemaligen Café Moskau wird von einer tanzwütigen Party-Crowd frequentiert, unter die sich gern Jungprominenz aus Film und Fernsehen mischt.

THEATER FÜR DAS VOLK

6 Volksbühne: Roter Salon und Grüner Salon

156

RUSSENDISKO

7 Kaffee Burger

Torstraße 60

Wer in Berlin Poetry Slam sagt, denkt an das Kaffee Burger, nicht zuletzt dank des Dichters und Mitbesitzers Bert Papenfuß. Als er die Bar 1999 wieder eröffnete, knüpfte er an ihren Ruf an, den sie sich schon in sozialistischer Zeit für die hiesigen literarischen Diskussionen erworben hatte. Den Subkultur-Touch ergänzt Erfolgsautor Wladimir Kaminer, der hier gelegentlich seine legendäre »Russendisko« veranstaltet. Papenfuß organisiert Lesungen, Filmvorführungen und Events, auf die stets ein musikalischer Querschnitt aus der einheimischen DJ-Landschaft folgt.

APRÈS-SKI

8 Nola's am Weinberg

Veteranenstraße 9

Für sein drittes Gastronomieprojekt suchte sich Stefan Schneck (er betreibt auch das Nola in Tiergarten und das Woolloomooloo in Charlottenburg) eine ganz besondere Location aus: einen denkmalgeschützten DDR-Pavillon aus den Fünfzigerjahren im idyllischen Volkspark am Weinberg. Eine riesige Terrasse fängt vom Morgengrauen bis zur Dämmerung noch den schwächsten Sonnenstrahl ein. Ermutigt durch Schnecks unerschöpflichen Vorrat an Schweizer Armeedecken, sonnen sich seine Gäste dort auch im Winter gern in bequemen Liegestühlen – Skihüttenfeeling mitten in Berlin. Auf der Karte steht viel Alpines wie Käsefondue und Raclette, aber auch leichtere Suppen, Salate und Wraps. Das üppige Schweizer Frühstücksbüfett gleicht einer gewaltigen kulinarischen Gebirgskette und ist die perfekte Grundlage für einen langen Sightseeing-Tag in Berlin.

DAMIENS ENTE

9 Maxwell

133

NICHT NUR IN DEN FLITTERWOCHEN

10 Honigmond Garden Hotel

108

SCHÖN SCHREIBEN

11 R.S.V.P. Papier in Mitte

172

WILD AUF VINYL

12 Digalittledeeper

Torstraße 102

Kommt man an Digalittledeeper vorbei, wird man höchstwahrscheinlich zwei Leute sehen, die Kopfhörer an ihre Ohren pressen und sich in tiefer akustischer Versenkung über Plattenteller beugen. Dagmar Maziejewski hat die ideale Schaufenstergestaltung kreiert, als sie – in dem Wissen, dass sie mit ihrem Laden jede Menge DJs und solche, die es gerne wären, anlocken würde – zwei Stereodecks in die Fensternische mit Blick auf die Straße schob. Maziejewski kam 2002 aus Köln nach Berlin, um den Plattenladen mit angeschlossenem Groß- und Versandhandel zu übernehmen, der eine Mischung aus Electronic, HipHop und Jazz führt. »Die Berliner Musikszene brodelt«, erklärt Maziejewski. »In der Stadt kommt gerade eine zweite Welle von Musikleuten an.«

Herr von Eden

75 76 77 78 79 80 81 82 83 90 91 92 93 94 95

TASCHEN, TASCHEN, TASCHEN

13 TaschenDesign Accessoires Monia Herbst

Torstraße 97

Monia Herbst ist eine der cleveren Jungdesignerinnen in Berlin-Mitte, die mit viel Mut und Enthusiasmus eigene kleine Atelierboutiquen eröffnet haben. Die gebürtige Brandenburgerin hat in Berlin Modedesign studiert und sich auf Taschen spezialisiert. »Meine Taschenentwürfe sind sehr geradlinig, kraftvoll und schlicht«, so ihr Kommentar. »Ich mag klare Linien und verwende immer sehr weiches Leder, damit die gefertigte Tasche auf das Auge stabil wirkt, sich aber beim Berühren angenehm anfühlt.« Eröffnet hat Herbst ihr Souterrainatelier 2003. Seitdem ziehen die intensiven Farbkontraste und das mit Tiermotiven bedruckte Leder der Geldbeutel, Schlüsseltäschchen, Brief- und Handtaschen die Blicke der Passanten auf sich. Eine von Herbsts bekanntesten Schöpfungen ist das Flaschenkostüm: wunderschöne Hüllen aus ein- oder mehrfarbigen Lederstreifen, die man über Flaschen stülpt. Sie machen aus simplen Wein- oder Milchflaschen edle Designervasen.

DANDY-STYLE

14 Herr von Eden

Alte Schönhauser Straße 7

Bent Angelo Jensen, selbst stets makellos elegant gekleidet, präsentiert seine Entwürfe gern persönlich als Modell. Seinen schmal geschnittenen Anzügen (er entwirft sie gemeinsam mit seiner Schwester Britta) auf der einen Seite seiner Boutique stellt Jensen auf der anderen Seite ausgewählte Vintagestücke, meist Zwei- und Dreireiher, gegenüber. Persönlich ist der gebürtige Däne im Laden selten anzutreffen, doch man kann ihn auf den großen Postern an der hinteren Wand bewundern. Inspirieren lässt er sich von Originalanzügen aus der Zeit zwischen den Zwanziger- und Vierzigerjahren. Seine Kunden wählen den Vintagestoff für ihre maßgeschneiderten Hemden selbst aus – unter 300 Musterstücken, von denen jedes gerade groß genug für ein einziges Hemd ist und die sorgsam in Schachteln aufbewahrt werden. Ergänzt wird die Kleidung durch eine erlesene Auswahl an (ungetragenen) Vintageschuhen und Krawatten, Hüten und Manschetten. Die edle, schlichte Ladengestaltung hat Jensen selbst entworfen.

LIEBE GEHT DURCH DEN MAGEN

15 Kochlust

Alte Schönhauser Straße 36/37

Brit Lippold hatte zwar früher einen Bürojob in der Senatsverwaltung, aber ihre wahre Leidenschaft war immer schon das Kochen. Ein Besuch in der Londoner Buchhandlung *Books for Cooks* in Notting Hill brachte sie auf die Idee, ein Pendant in Berlin aufzumachen, und der Name Kochlust hält, was er verspricht: das sinnliche Vergnügen am Kochen. Das Hinterzimmer ihres selbst gestalteten Ladens ist eine riesige Küche, in der sie Kurse gibt. Die Resultate werden anschließend gemeinsam am großen, stets für ein Dutzend Gäste gedeckten Esstisch verspeist. Vom edlen Gourmetkochbuch bis hin zu Basics wie dem *Backbuch* und dem *Schulkochbuch* von Dr. Oetker steht alles in den Regalen. Englische und französische Titel ergänzen den Bestand, der ständig erweitert wird – Lippold hat inzwischen mehr als 3500 Titel auf Lager!

SCHICK SCHLEMMEN

16 Schwarzenraben

Neue Schönhauser Straße 13

Die Fassade beeindruckt, der tiefe Raum im Inneren überrascht. Dass er in den Zwanzigerjahren ein Kino mit getrennten Leinwänden für Männer und Frauen war, erklärt die Größe. Über 45 Meter zieht sich eine Lederbank bis zu der Stelle, wo der Saal in einen Garten in einem ruhigen Hinterhof mündet. Hier, wo auch die Skulptur steht, die dem Lokal seinen Namen gab, lässt man sich an warmen Tagen die mediterrane Kost schmecken. Das schicke Restaurant teilt sich in zwei Bereiche: eine Brasserie mit Café, wo man an dunklen Holztischen Snacks serviert, und ein in sinnlich gedämpftes Licht getauchtes Restaurant mit Bar in warmen Sandtönen.

TIEF DURCHATMEN

17 Breathe

163

KUNST IM HOF

18 Sammlung Hoffmann

Sophie-Gips-Höfe, Sophienstraße 21

Neonleuchten in Rot, Gelb und Blau locken als visuelle Sirenen die Passanten in diese Enklave zeitgenössischer Kunst. Die Installation liegt zwischen Sophienstraße und Gipsstraße, auf dem Anwesen von Erika und Rolf Hoffmann, die es für ihre Kunstsammlung erwarben. Der inzwischen verstorbene Rolf Hoffmann hatte sein Vermögen mit der Hemdennobelmarke van Laack gemacht. Die Hoffmanns restaurierten den Innenhof und tauchten die Hofdurchgänge in Neonlicht, um unterschiedliche Stimmungsbereiche zu schaffen. Höhepunkte der Galerie sind eine Bodeninstallation von Pipilotti Rist und Stücke von Felix Gonzalez-Torres, Nan Goldin, Manabu Yamanaka und Douglas Gordon. Samstags von 11 bis 16 Uhr kann man sich einer Führung anschließen. Nach dem Kunstgenuss lockt Barcomi's Deli im zweiten Hof mit exzellentem Kaffee, selbst gebackenen Kuchen und Bagels.

GALERIE MIT HINDERNISSEN

19 Wohnmaschine

Tucholskystraße 35

Früher war das alte jüdische Quartier in Berlin-Mitte als Wohnviertel längst nicht so begehrt wie heute. Friedrich Loock lebt schon seit seiner Geburt hier. 1988 organisierte er in seiner Wohnung erstmals eine Kunstparty. Er verkaufte zwar nichts, aber der rege Zuspruch motivierte ihn, weitere Kunstevents im heimischen Wohnzimmer zu veranstalten. Den Namen Wohnmaschine entlieh er Le Corbusiers Architekturtheorie. Erst nach der Maueröffnung versuchte sich Loock auch kommerziell, aber er räumt ein: »In den ersten vier Jahren habe ich nichts verkauft.« Inzwischen liegt sein Zuhause im Epizentrum der Berliner Kunstavantgarde. Loock betreut den Maler und Bildhauer Peter Rösel und kümmert sich um das Bekanntwerden japanischer Talente in Europa. Einer seiner Schützlinge, die Japanerin Miwa Yanagi, war in der Deutschen Guggenheim (Unter den Linden 13–15) zu sehen.

GIRLS JUST WANNA HAVE FUN

20 Blush

Rosa-Luxemburg-Straße 22

Vorhang auf für die verführerischen Fantasien von Claudia Kleinert, die sie seit 2001 in ihrem lilafarbenen Salon zusammen mit ausgewählten Labels verkauft. Unschuldig-sexy wirkt die Wäsche für Mädchen, die Spaß haben wollen: Hausanzüge, Babydolls, Seidenkaftane, Morgenmäntel aus Velourssamt, Puschelpantoletten und gewagte Höschen aus reiner Seide. Süßester Neuzugang der Kollektion: köstlich parfümierte weiße und dunkle »Schokoriegel«, die sich im Badewasser auflösen. Herzstück der Boutique ist ein Doppelbett aus den Siebzigern, komplett mit Drehknopf-Radio im Kopfteil. In braunem Samt edel aufgepolstert, hält es als Präsentierteller für Höschen, Strapse und Strümpfe von Marizia, La Perla, Roberto Cavalli und die frechen Pariser Kreationen von Fifi Chachnil her. Edle Ergänzung: die Westen von Oscalito aus einem Wolle-Seide-Gemisch, das seit 70 Jahren nach »Originalrezeptur« hergestellt wird.

GROSSSTADT-DIMENSIONEN

21 Pro QM

172

MIT CHARME UND CHAMPAGNER

22 Holly

Alte Schönhauser Straße 4

Als Christian Breil und Claudia Winkler 2002 ihr Ladenatelier Holly eröffneten – nach der jungen Dame benannt, die ihre Stimmung gern mit einem Frühstück bei Tiffany's hob –, schufen sie ein für Berlin neues, glamouröses Einkaufserlebnis. In einem sinnlich-edlen Ambiente irgendwo zwischen Lounge und Boudoir, das die eleganten Modesalons der Zwanziger, Dreißiger und Vierziger zitiert, bieten sie neben ihren eigenen Arbeiten auch die von zwölf Designern an. Breil entwirft unter dem Label c.beau (ein Wortspiel aus seinem Initial und dem französischen »C'est beau!«) unkonventionelle Herrenmode: Tweed- oder Filzhosen mit Kniebund und Strickwaren im Matrosenstil. Winklers Linie für die Frau heißt Lis. Beide fertigen ihre Kreationen in dem Kelleratelier, das zugleich Showroom für ihre Abendmode und improvisierte Bar ist. »Unsere Stücke und die der Designer, die wir anbieten, müssen ein Prinzip erfüllen: individuell und erschwinglich«, erläutert Breil. Wie Miss Golightly besitzt der Modesalon einen hintergründigen Charme, und bei den Lesungen und Modenschauen, die hier stattfinden, ist das Holly erfüllt von geistreichem Witz und perlendem Champagner.

VON KOPF BIS BOARD

23 VorOrt

Alte Schönhauser Straße 47

In seinem früheren Leben bildete Carsten Kunst Snowboard-Lehrer aus. Als Hommage an diese Zeit nannte er seine Boutique zunächst Superfly, bevor er 2003 schließlich auf den Namen VorOrt verfiel. Mit seiner Partnerin Jutta Kolinka führt er ausgewählte deutsche und italienische Labels, darunter viele ultrahippe Marken für Sport- und Streetwear. Das deutsche Label Matador zum Beispiel stellt angesagte Snowboardkleidung für Sie und Ihn her: Vom körperbetonten Stretchjersey bis zu schweren, wasserdichten, fleecegefütterten Jacken ist alles dabei. Für das witzige Tüpfelchen auf dem i – genauer gesagt auf dem Kopf – sorgt die Kreuzberger Designerin Anja Köninger mit ihrem Label König Walter, das Kopfbedeckungen aus kuscheligem Webpelz mit und ohne Troddeln, Häkel-, Filz- und Stoffmützen führt. Die originelle Kollektion schaffte es schon bis in die MTV-Sendung *Designerama.* Auch eine Designergruppe ehemaliger Fahrradkuriere ist im VorOrt vertreten – mit einer trendverdächtigen Kollektion robuster Rucksäcke und Taschen für den unbeschwerten Tritt in die Pedale.

BESTRICKENDE FASHION-IKONE

24 Claudia Skoda

164

INNOVATIVES THEATER

25 Sophiensaele

Sophienstraße 18

Die Sophiensaele haben sich seit 1996 einen hervorragenden Ruf als Spielstätte für zeitgenössisches Tanz-, Musik- und Sprechtheater erworben. Unerschrocken bietet das Theater seine Bühnen Künstlern, die neue Theatersprachen und Ausdrucksformen ausloten wollen, als Experimentierfeld an. Nicht selten gibt es damit jungen, provokativen Talenten die erste Chance, ihre Werke live an einem Publikum zu erproben. Das erste Stück, das hier zur Aufführung kam, war eine Premiere von Sasha Waltz, heute eine Choreographin von Weltruf. Seitdem wurden Hunderte von innovativen Produktionen realisiert. Konzerte und Performancekunst finden sich ebenso auf dem Spielplan wie die Namen von Theatermachern aus aller Welt. Durch seine Vielseitigkeit ist das Theater ein integraler Bestandteil vieler Berliner Festivals: Theaterfestivals, das Internationale Literaturfestival Berlin und *Tanz im August,* sie alle bedienen sich der Sophiensaele als Aufführungsort.

BM

EIGENSINNIG KUNSTSINNIG

26 Eigen + Art

Auguststraße 26

Eigen + Art liegt mitten auf der Kunstmeile Auguststraße. Geführt wird die Galerie von Gerd Harry Lybke, der sein Kunstimperium bereits 1983 in seiner Heimatstadt Leipzig begründete und 1992 nach Berlin ausdehnte. Temporäre Galerieprojekte haben ihn nach London, Paris, Tokio und New York geführt. Besonders am Herzen liegt ihm der Bekanntheitsgrad ostdeutscher Künstler, von denen einige – wie die Dresdner Bildhauerin Ricarda Roggan – zu internationalem Ruhm gelangt sind. Lybke vertritt u. a. Carsten Nicolai und Neo Rauch und hat außerdem Arbeiten von Douglas Gordon und der 1997 für den Turner-Preis nominierten Christina Borland gezeigt.

DIE JAPAN-CONNECTION

27 Yoshiharu Ito

Auguststraße 19

Yoshiharu Ito kam 1987 aus seiner Heimatstadt Tokio nach Berlin und beschloss zu bleiben. Zunächst schuf er Entwürfe für Opernkostüme. Aber seine Liebe zur Mode übertrumpfte die musikalischen Interessen: 1999 startete er mit einer eigenen Boutique, in der er puristische Avantgarde-Mode fertigt und präsentiert. Mit nur sechs oder sieben Stücken ist jede Kollektion klein und durchdacht. »Ich versuche, klassische Anzüge mit dem gewissen cleveren Unterschied zu machen, in dem sich mein eigener Kulturschock spiegelt: die japanische Interpretation nordeuropäischer Mode«, erklärt Ito. Ein Beispiel für die Ideen des Mannes, der vielen als Berlins innovativster Herrenmodedesigner gilt: eine purpurfarbene Jacke, die durch Waschen und Ausfärben nach und nach blau wird.

FANTASIEVOLLES AUS FILZ

28 HUT up

166

MAN TRÄGT NIX

29 Nix

165

SÜSSES HAUSGEMACHT

30 Bonbonmacherei

Heckmann-Höfe, Oranienburger Straße 32

Zitronendrops, Minz-Gummibonbons und Zuckerstangen sind die Leckereien, mit denen Katja Kolbe und Hjalmar Stecher Kunden in ihren Souterrain-Süßwarenladen locken. Die Ehe- und Geschäftspartner produzieren mehr als 25 Bonbonsorten nach alten und neuen Rezepten. Der Duft von geschmolzenem Zucker liegt in der Luft, wenn man an der köstlichen Lasterhöhle vorbeigeht. Ein Schritt in den Laden offenbart die Geheimnisse des Bonbonkochens, denn Stecher stellt die Zuckersteine buchstäblich vor den Augen seiner Kunden her. Erst erhitzt er die Zucker- und Glukosemischung auf 150 °C. Dann schiebt er zehn Kilo zähe Toffeemasse durch Präge- und Portionierwalzen. Das Ergebnis kommt auf der anderen Seite heraus: Leckeres mit Zitronen-, Orangen-, Ananas-, Erdbeer- oder Apfelgeschmack, zur Abwechslung eine Anis-Fenchel-Mischung oder Pfefferminzbonbons, extrasaure Limonendrops oder Sahnekaramell. Die Spezialität des Hauses sind Berliner Maiblätter mit Waldmeistergeschmack.

KINDERSPIEL

31 Viel Spiel

Große Hamburger Straße 28

Andreas Frischmuth und Antje Zülow haben drei Kinder und sind immer auf der Suche nach kindgerechtem, ökologisch einwandfreiem Holzspielzeug. »Wir lieben traditionelles Spielzeug. Oft nehmen wir Spielsachen mit nach Hause, um sie zu testen, bevor wir sie anbieten«, erklärt Frischmuth. Als Schreiner hat er das Fachwissen und die Erfahrung, hochwertiges Spielzeug zu erkennen. Bevorzugt bietet das Paar die Produkte von Familienbetrieben wie Fagus oder Selecta an. Zusätzlich gibt es Autos, Spiele und Kinderzimmermöbel von HABA, die Holzfiguren (Menschen und Tiere) von Ostheimer und Bausteine von Anka-Steine, einem Unternehmen mit 100-jähriger Tradition. Frischmuth und Zülow raten Kunden, auf den Aufkleber »Spiel Gut« zu achten: »Ein echtes Gütesiegel, wenn es um Spielzeug geht.«

TÜRKISCHE ERFOLGSGESCHICHTE

32 Hasir

Oranienburger Straße 4

Hasir ist eine türkische Restaurantkette im Besitz von sechs Brüdern und so beliebt, dass es in Berlin mittlerweile fünf Lokale dieses Namens gibt. Der älteste Bruder und Geschäftsführer, Mehmet Aygün, eröffnete in den späten Siebzigern das Hasir 1 in Kreuzberg. Die Grillrestaurants sind berühmt für Gerichte mit Huhn, Lamm und Rind, aber auch für *kuver,* ein auf offenem Feuer gebackenes Brot. Für dieses Hasir, das jüngste der fünf, hat man sich besonders ins Zeug gelegt: Ein Portier begrüßt die Gäste im orientalischen Innenhof, und das Personal ist stolz darauf, dass alles im Lokal »von A bis Z echt türkisch« ist.

EISERN UNTER TRENDVERDACHT

33 Thatchers

Hackesche Höfe, Hof IV, Rosenthaler Straße 40–41

»Für uns spiegelt Kleidung Stimmungen wider. Unsere Entwürfe sind also eine Methode, die Persönlichkeit positiv zur Geltung zu bringen«, erklärt die eine Hälfte des Designerduos Thatchers, Thomas Mrozek. Er und Ralf Hensellek fertigen und vertreiben seit 1994 drei Kollektionen pro Jahr. Heute haben sie zwei Boutiquen in Berlin und Paris. Ihre Mode ist typisch berlinerisch: Man nehme ein glamouröses Kleid und gebe ihm einen sportiven Kniff, der es funktional und »straßentauglich« macht. Eine Sicht, die sich auch in der Kollektion von Taschen, Gürteln und Halsketten aus Reißverschlüssen ausdrückt. Den Namen erklären die beiden so: »Thatchers war für uns ein eng an London gebundener Name. Auch wenn uns die Politik der ehemaligen Premierministerin nicht besonders zusagte, ihre Disziplin haben wir bewundert.«

HIPPER HOLZWEG

34 Trippen

161

DURCHBLICK

35 Brille 54

Rosenhöfe, Rosenthaler Straße 36

Brille 54 verkauft seit über 20 Jahren Brillen und betreibt heute vier Läden in der Hauptstadt (die 54 steht übrigens schlicht für die Hausnummer des ersten Geschäfts auf dem Kurfürstendamm). Der Angestellte Michael Ledermann erwarb die Kette 1987 zusammen mit seiner Kollegin und heutigen Geschäftspartnerin Michelle Eichhorst und eröffnete 2002 in den Hackeschen Höfen eine vierte Filiale. Der schmale, rechteckige Raum ist das kreative Werk der Architekten Alexander Plajer und Werner Franz, die den Berlinern durch ihre Gestaltungen der Ausstellungsräume für BMW und Mini oder das Design der Universum Lounge (s. S. 103) bekannt sind. Neben allen großen Brillenmarken führt Brille 54 auch Modelle von IC!Berlin, drei unkonventionellen Designern, die federleichte und nahezu unzerstörbare Gestelle anfertigen.

WHO'S THAT GIRL?

36 Lisa D.

Hackesche Höfe, Hof IV, Rosenthaler Straße 40–41

Hinter Lisa D. steckt mehr, als der erste Blick ahnen lässt. Zum Beispiel heißt sie nicht Lisa, sondern Elisabeth Prantner. Die Labelbezeichnung ist ihr Spitzname mit dem angehängten Initial ihres Mädchennamens. Zur eigenen Boutique in den Hackeschen Höfen kam sie auf Umwegen. Obwohl sie immer schon selbst schneiderte, hatte sie weder Couture studiert noch Trends genauer verfolgt. Als jedoch Freunde anfingen, sie um Stücke zu bitten, heuerte sie eine Näherin an und ging in den Versandhandel. Die solide Schneiderarbeit schmeichelt den weiblichen Formen. Die Farben der Hüte, Röcke, Jacken und Kleider sind intensiv, die Schnitte provokant, witzig, körperbetont. Prantner führt auch die elegante Linie der Australien-Berlinerin Melinda Stokes, die unter dem Labelnamen Stokx gern mit ungewöhnlichen Materialien spielt. Prantner ist auch in der Kunstszene aktiv, berät bei Performances und Kostümen. Legendär sind die Modenschauen, die »Lisa« gemeinsam mit ihrer Freundin Fiona Bennett (s. S. 162) ausheckt – experimentelle Performanceshows wäre eine treffendere Bezeichnung.

INSTITUT FÜR ZEITGENÖSSISCHE KUNST

37 Kunst-Werke Berlin

Auguststraße 69

1990. Eine ehemalige Margarinefabrik. Vier Enthusiasten: Klaus Biesenbach, Alexandra Binswanger, Philipp von Doering und Alfonso Rutigliano. Sie wollen einen experimentellen Raum für Kunstprojekte schaffen. Das Ergebnis: Kunst-Werke Berlin (KW). Interdisziplinäre Projekte waren von Anfang an Bestandteil der Programmplanung, und die hier organisierten Ausstellungen haben den Ruf des künstlerischen Leiters Klaus Biesenbach begründet. Er ist zudem Chefkurator des P.S.1., ein Ableger des New Yorker Museum of Modern Art. KW hat sich zu einem der bedeutendsten internationalen Aussteller für zeitgenössische Kunst gemausert, mit über 2000 Quadratmetern Ausstellungsfläche und Atelierprogrammen für Gastkünstler und Kulturschaffende. Gefördert wurde u. a. Hedi Slimane, heute Chefdesigner bei Dior Homme, als er an seinem Berliner Fototagebuch arbeitete. Im Innenhof stehen eine begehbare Skulptur von Dan Graham – zwei »zerbrochene« Würfel aus Glas und Stahl, die das Café Bravo beherbergen –, eine funktionale Schubröhre von Carsten Höller und Pedro Reyes kinderfreundliche Skulptur *Copola*.

ALLES BEIM ALTEN

38 GB

Auguststraße 77

Guido Bednarz gehört zu einer in Berlins heute so populärer Mitte vom Aussterben bedrohten Spezies: Er ist ein Ostberliner, der geblieben ist, wo er war, und das tut, was er immer getan hat – allen dramatischen Veränderungen um ihn herum zum Trotz. »Ich habe hier immer Mode gemacht, also bedeutete 1989 für mich keinen besonderen Unterschied: Der Westen hat mich und meine Fantasie nicht beeinflusst.« Bednarz kreiert drei Linien: eine Kollektion für Männer und Frauen, die er lediglich in ein oder zwei Größen herstellt, aber auf Wunsch auch nach Maß fertigt, eine Couture-Linie und eine Kollektion mit prachtvoll-eleganter Abendkleidung. Gewagte Modeexperimente liegen ihm nicht, aber seine langen Gehröcke, glitzernden Roben und stilvoll-eleganten Anzüge haben eine treue Anhängerschaft.

CAFÉ DER ERSTEN STUNDE

39 Hackbarth's

Auguststraße 49a

Als Szene-Bar der ersten Stunde in dieser Gegend ist Jörg Breburdas kleine Kneipe seit 1992 ein Dauerbrenner. Mittelpunkt ist ein Tresen mit Marmorplatte und Goldkante. Gold bedeckt auch die Wände, deren untere Hälfte mit tiefblauen Kacheln verkleidet ist. Steinböden, hohe Stühle und eine Hand voll Tische vervollständigen die morbid-edle Kulisse für das Frühstücksangebot, für getoastete Sandwiches und Baguettes. Ein schöner Platz für einen Kaffee – und abends geht man dann am Tresen zu ernsthaften Getränken über.

ITALO-BAR

40 Riva

Dircksenstraße, Bogen 142

Im Bogengang gegenüber der S-Bahn-Station Hackescher Markt liegt eine Bar mit dezent-schwülem Italo-Flair und einem Hauch von Starglamour. Ihren Namen hat sie von dem sardischen Fußballidol Gigi Riva. Die Bögen des Deckengewölbes greift der elliptische, frei stehende Tresen im Inneren auf. Multicolor-Quadrate in Gelb und Orange, Türkis und Blau an den Wänden kontrastieren mit den mattgrünen Bänken und dem frischen Weiß der Barhockerparade. Mit einer weltstädtischen Cocktail-Auswahl, edlem Interieur und entspannender Jazzberieselung lockt das Riva ein schickes, betuchtes Publikum in den Dreißigern an.

EINE ROSE IST EINE ROSE

41 Cara Tonga

163

BLIND DATE

42 Unsicht-Bar

Gormannstraße 14

Berlin ist sicher eine der experimentierfreudigsten und einfallsreichsten Metropolen der Welt, wenn es um die Art des Speisens geht. Die Unsicht-Bar schenkt so metaphorischen wie faszinierende Einblick in die Welt der Blinden, indem sie ihre Gäste einlädt, in völliger Dunkelheit zu essen. Initiator der ersten Unsicht-Bar in Köln war der Klangdesigner und Umweltpsychologe Dr. Axel Rudolph, der in seinen Forschungsarbeiten über die Wahrnehmung dunkler Räume von dem Verband *Arbeit für Blinde und Sehbehinderte* unterstützt wird. In einem separaten Raum, der Dunkelbühne, finden Theater-, Literatur- und Musikabende unter Einsatz von Duft- und Toncollagen statt. In das Restaurant wird man von blinden Kellnern geführt. Dann werden drei oder vier Gänge serviert. Das Essen gerät zur Herausforderung, und kaum genutzte Sinne werden plötzlich entscheidend. Das Rauchen ist verboten, Handyklingeln ebenso unerwünscht. So einmalig das Esserlebnis auch sein mag, jedermanns Sache ist es nicht: Man weiß von Gästen, die hier in Panik ausbrachen.

BESUCH BEI DER GRÜNEN FEE

43 Absinth Depot Berlin

Weinmeisterstraße 4

Absinth wurde zusammen mit Kokain in Berlin 1923 verboten. Anders als beim Kokain hob man das Absinthverbot 1998 auf, und flugs eröffneten Andreas Scherff und Bernhard Flöder dem grünen Tropfen zu Ehren einen Laden. Neben ihrer eigenen Sorte führen sie zwanzig weitere Varianten des Likörs, die aus Familiendestillerien in Frankreich und Spanien stammen. Hinzu kommen Philippe Lasala, Versinthe La Blanche und Emile Pernot, die man in der goldgestrichenen Probierstube verkosten darf. Das Interesse der Inhaber an der »grünen Fee« ist kulturell wie kommerziell begründet, und so findet man auch Bücher über berühmte Absinthtrinker wie Oscar Wilde, Toulouse-Lautrec, Baudelaire oder van Gogh. Auch Picasso war mit der »grünen Fee« vertraut. 1901 malte er das Bild *Die Absinth-Trinkerin:* Es zeigt eine Frau mit jenem gedankenverlorenen Gesichtsausdruck, den Kenner der Materie »Absinth-Gesicht« nennen.

ORIGINALDESIGN

44 Gallery/Shop

Neue Schönhauser Straße 19

Das Geschäft war ursprünglich auf Produkte der Weltmarke Authentics spezialisiert – bekannt für formschöne und belastbare Küchen- und Badezimmeraccessoires aus Kunststoff. Bettina Gerber hat das Angebot um alltagstaugliche Stücke von trendbewussten Designern aus dem In- und Ausland erweitert. Da gibt es zweifarbige geometrische Steingutgeschirre aus dem thüringischen Kahla, solide Teller und Tassen von Rosenthal und reizvolle Bestecksets von Auerhahn – etwa einen Tauflöffel mit graviertem Silbergriff, auf dem »Mein erster Löffel« steht. Süße Ergänzung des Sortiments: die Schokoriegel von *Sinnvolle Schokolade.* Ihre Verpackungen für Vollmilch, Bitter und Trauben-Nuss zieren so beziehungsreiche Namen wie »Lust«, »Glück« oder »Gnade«.

IM BANN DER DREI STREIFEN

45 adidas Originals Store

160

GANZ KOSCHER

46 Beth Café

Tucholskystraße 40

Der Teil von Mitte, dessen Herz die golden schimmernde Kuppel der Neuen Synagoge ist, war schon immer spiritueller Mittelpunkt im Leben der jüdischen Bürger Berlins. Der Eingangsbereich der im Mai 1995 fertig gestellten, wieder aufgebauten Synagoge wurde der Öffentlichkeit als »Centrum Judaicum« übergeben. Die Geschichte der jüdischen Gemeinde in Berlin reicht bis ins 17. Jahrhundert zurück, als die Stadt als erste Stadtverwaltung rund zwanzig jüdischen Familien Wohnrecht einräumte. Nach den entsetzlichen Schrecken der Nazizeit lebt hier nun wieder Deutschlands größte jüdische Gemeinschaft, und in den Straßen rund um die Neue Synagoge siedeln sich jüdische Institutionen, Galerien und Geschäfte an. Zu ihnen gehört das koschere Restaurant Beth Café. Es wird von der Gemeinde Adass Jisroel betrieben und bietet fantastische und nahrhafte traditionell jüdische Gerichte an. Als Gast sollte man sich von den Polizisten, die vor der Synagoge Streife gehen, nicht beunruhigen lassen – sie sind ein Zugeständnis an die Realitäten der politischen Gegenwart und können den Genuss von leckerem Borschtsch, Challah und Rugelach und köstlichen Bagels, Matzen, Blintzes, Knisches und Kischkes nicht schmälern.

Absinthe
bienfaisante
CAPITAL
EUX MILLIONS
PONTARLIER
Je bois à tes succès ma chère et à ceux de
l'ABSINTHE TERMINUS la seule bienfaisante
Absinth-Depot
Berlin

1.
Absinth
DEPOT BERLIN
WEINMEISTERSTRASSE 4
10178 BERLIN
6,45 €

HINGUCKER FÜR STADTAMAZONEN

47 Penthesileia

Tucholskystraße 31

1996 taten sich Sylvia Müller und Anke Runge zusammen, ließen sich von der Amazonenkönigin aus der griechischen Mythologie inspirieren und begannen, belastbare, feminine und formschöne Taschen zu entwerfen. »Wir fingen mit Rucksäcken an und wandelten ihre traditionelle Form ab. Wir machen dreidimensionale Modellagen, die plastisch stark hervortreten«, erklärt Runge, »und wir bringen den Reißverschluss an der Innentasche an. Unsere Produkte sind sehr beliebt, weil sie so sicher sind.« Inzwischen umfasst die trendige Kollektion neben dynamisch-geometrischen Hand- und Schultertaschen mit ungewöhnlichen Lederdrucken auch pfiffige, witzige Hüte. 1999 stießen die Schmuckdesigner Joachim Dombrowski und Marion Heilig zu Penthesileia. Das Ehepaar, das seine Unikate gemeinsam unter dem Label T31 herausbringt, geht gestalterisch getrennte Wege. Während er sich auf Formen aus Metall konzentriert, verleiht Heilig ihren Entwürfen mit ungewöhnlichen Materialien Pfiff.

DESIGN-FÖRDERUNG

48 Galerie Tagebau

Rosenthaler Straße 19

Die 1997 eröffnete Galerie Tagebau ist die kollektive Kopfgeburt von Michaela Binder (Schmuck), Angela Klöck (Hüte), Ricky Schuchmann (Mode), Anke Schulz (Porzellan) und Eva Sörensen (Schmuck und Vasen). Die Werkstattgalerie hat sich zum angesehenen Forum für Schmuck-, Hut- und Modedesigner entwickelt. Designer und ausgestellte Gaststücke wechseln regelmäßig, aber die Qualität ist gleich bleibend hoch. Die Partner übernehmen abwechselnd Geschäftsführung und Verkauf, in ihrer Arbeit sind sie jedoch eigenständig und individuell. Binders Talent in der Metallbearbeitung zeigt sich in Gefäßkörpern, die aus Kupfer- oder Silberflächen hervortreten. Ihren Schmuck aus gebürstetem Gold und Silber füttert und säumt sie mit leuchtenden Filzen oder gefärbtem Pelz. Klöcks Hut *Fliegender Schwan* aus gewebtem Sisal und Hahnenfedern sitzt auf dem Scheitel wie ein Schwan, der ins Wasser eintaucht. Schuchmanns Entwürfe sind plastisch und funktionsorientiert. Sie lotet textile Formen aus und entwirft eine Kollektion aus selbst gestalteten Stoffdrucken. Was das Porzellan von Anke Schulz außergewöhnlich macht, ist der Kontrast zwischen rohen Außenflächen und glasiertem Inneren. Sörensen verwendet Email, um ihrer zauberhaften Schmuckkollektion aus Metall Farbe zu geben und Akzente zu setzen.

ZUM GEDENKEN

49 Jüdisches Mahnmal in der Großen Hamburger Straße

Große Hamburger Straße

Die Große Hamburger Straße verkörpert Toleranz und jüdische Kultur in all ihrer Vielfalt. Ein katholisches Krankenhaus, ein jüdisches Gymnasium und eine protestantische Kirche teilen sich diese Adresse. Ein Ort des Gedenkens für die jüdischen Bürger der Stadt ist die bronzene Figurengruppe von Will Lammert am südöstlichen Ende der Straße. An diesem Ort stand einst ein jüdisches Altersheim, das von der Gestapo in ein Sammellager für die Deportation verwandelt wurde. Über 40 000 Juden wurden hier zusammengetrieben, bevor sie den Marsch in doe Vernichtungslager antraten. Hinter dem Mahnmal lag der älteste jüdische Friedhof der Stadt. Nur ein Grab ist geblieben: die Ruhestätte von Moses Mendelssohn. Der Philosoph (1729–1786) trat für die Freiheit der Juden ein und ist Ahnherr der Berliner Künstlerdynastie Mendelssohn, die Komponisten und Architekten hervorbrachte.

RAUCH- UND TRINKBARES

50 Whisky & Cigars

168

HAUPT-SACHE

51 Fiona Bennett

162

AUS ALT MACH NEU

52 re-store

Auguststraße 3

Die Geschichte von re-store begann, als Vaike Fuchs und Stefan Wecker sich bei der Arbeit für einen Möbelrestaurator kennen lernten. Ihre Liebe zum Design und zueinander ließ sie 2001 eine Agentur für Gestaltung gründen, in der sie futuristische Einrichtungsgegenstände und Accessoires herstellen. Dank ihrer Restauratorenausbildung wissen Fuchs und Wecker um die Möglichkeiten von Werkstoffen, wie sie altern und wie man sie davor bewahrt. Ihr Ausgangspunkt ist die Wiederverwertung industrieller Abfallprodukte. So nahmen sie Lackmusterplatten aus der Automobilindustrie und verwandelten sie in flexibel einsetzbare Lounge-Möbel, die sie Cubes tauften. Das Duo hat viel Medienlob geerntet, sein Bekanntheitsgrad als Designagentur, die »flexible Konzepte für private und öffentliche Innenarchitektur« entwickelt, nimmt zu. Übrigens haben die beiden die liebenswerte Angewohnheit, Overalls im Partnerlook zu tragen.

KEIN STEIN AUF DEM ANDEREN

53 Tacheles

Oranienburger Straße 54–56

Selbst in einer in ständigem baulichem Wandel begriffenen Stadt wie Berlin ist das Tacheles eine auffällige Erscheinung. Man kann nicht anders als fasziniert sein vom Zustand des Verfalls, in dem die einstige Einkaufspassage aus dem Jahr 1908 ihr Dasein fristet. Es gab Initiativen, den Schandfleck zu beseitigen, aber Hausbesetzer brachten diese mit einem Protest 1990 zu Fall. Seitdem sind in der alternativen Kulturruine Künstlerateliers und Partyveranstalter eingezogen, haben sich Restaurants, Bars und im Erdgeschoss sogar ein Kino eingenistet. Pläne, das Gebäude in irgendeiner Form zu restaurieren, liegen dank des schmalen Stadtbudgets erst einmal auf Eis.

AM LANGEN DAMM

54 Schiffbauerdamm

Berliner Ensemble, Theater am Schiffbauerdamm

Von den Siebzigerjahren des 19. Jahrhunderts bis zum Zweiten Weltkrieg war der Schiffbauerdamm ein Brennpunkt im Berliner Stadtleben. Das Berliner Ensemble, Bert Brechts höchsteigene Experimentierbühne, auf der die *Dreigroschenoper* ihre Uraufführung erlebte, steht bis heute auf der nördlichen Straßenseite, dem sanierten, konservativeren Teil von Berlin-Mitte. Die Bars und Restaurants, die sich hier aneinander reihen – fast alle mit gemütlichem Kneipentouch –, sind bei Politikern und Journalisten aus den nahen Parlamentsbüros und Redaktionen sehr beliebt.

DIE KUNST DES SPEISENS

55 Engelbrecht

139

KUNSTBAHNHOF

56 Hamburger Bahnhof

Invalidenstraße 50–51

Wie ein Leuchtfeuer strahlt Dan Flavins blaue und grüne Neoninstallation an der klassizistischen Fassade der ehemaligen Eisenbahnstation (1847) und kündet von der Metamorphose des Hamburger Bahnhofs in das Museum für Gegenwart. Es eröffnete 1997 mit einer Sammlung, zu der Arbeiten von Andy Warhol, Joseph Beuys, Sol LeWitt, Cy Twombly, Robert Rauschenberg und Bruce Nauman gehören. Ein Großteil stammt aus dem Nachlass von Erich Marx; seine Stücke mit Schwerpunkt auf den Siebzigerjahren verleihen dem Erdgeschoss Kunstglamour. Die oberen Etagen sind Einzelschauen und Sonderprogrammen vorbehalten: beispielsweise einer Werkschau des Bildhauers Ron Mueck oder Gruppenprojekten wie der australischen Ausstellung *The Down Side Up*. Der Hamburger Bahnhof zieht einen beständigen Strom an hochkarätigen internationalen Kuratoren und Künstlern an.

UNTER DEN GLEISEN

57 Wein Guy

128

GESAMTKUNSTWERK

58 Luise: Hotel + Künstlerheim

110

KÖNIGLICHE PORZELLAN-MANUFAKTUR

59 KPM

Unter den Linden 35

1763 wurde der KPM von Friedrich dem Großen das Hofsiegel verliehen; seither trägt die Porzellan-Manufaktur in ihrem Zeichen das blaue Zepter. Damals wie heute ist KPM ein Synonym für hochwertiges klassisches Porzellan, alles wird von Hand hergestellt und bemalt, jedes Motiv vom Künstler handsigniert. Über die Jahre haben sich Berühmtheiten wie Johann Gottfried Schadow, Trude Petri und Enzo Mari auf KPM-Geschirr verewigt, entstanden Formen und Muster, die zu unsterblichen Designklassikern wurden: *Urania* von der Bauhaus-Künstlerin Trude Petri, Enzo Maris *Berlin* (zu dem das Dekor *Pianta* mit Wiesenblumen in Aquarelltechnik gehört) und das prunkvolle Service *Kurland*, das Herzog Peter von Kurland 1790 in Auftrag gab. KPM fertigt im Auftrag spezielle Stücke für Gourmetrestaurants an, sie alle entstehen in der Manufaktur in der Wegelystraße 1 am Tiergarten. Außerdem gibt es noch ein Geschäft am Kurfürstendamm 27.

SCHLICHTE ELEGANZ

60 Malatesta

Am Gendarmenmarkt, Charlottenstraße 59

Dies ist die dritte und jüngste Unternehmung im gastronomischen Reigen von Piero de Vitis (s. S. 141). Besucher des Restaurants genießen den wunderbaren Blick über eines der schönsten Platzensembles nördlich der Alpen. Der Schweizer Stararchitekt Max Dudler gestaltete das Interieur. Das Bistro im Erdgeschoss wird abends zur Bar. De Vitis setzt auf hochwertige Zutaten, die schnörkellos zubereitet werden. Das Ergebnis sind hausgemachte, mit Hummer gefüllte Ravioli oder köstlicher Fisch, leicht benetzt mit Zitronensaft und einigen Tropfen edlen Öls.

RESERVIERT

Milagro
ZAPATA

DIE WIEGE DES SEKTES

61 Lutter & Wegner

130

HELMUTS FRAUEN

62 Newton Bar

157

LICHT UND RAUM

63 Dorint am Gendarmenmarkt

114

VON DER DONAU AN DIE SPREE

64 Aigner

Am Gendarmenmarkt, Französische Straße 25

Nicht nur seinen Namen hat das Restaurant im Dorint am Gendarmenmarkt (s. S. 114) von dem Wiener Kaffeehaus Aigner geerbt, das 1903 gegründet und in den Achtzigerjahren aufgelöst wurde. Auch die originalen Jugendstilmöbel von Thonet hat man gerettet und restauriert. Sie verleihen nun dem Berliner Restaurant eine stilvolle Note. Über 130 Sitzplätze und ein Gesellschaftsraum mit Billardtisch, der – mit einer Glasplatte bedeckt – auch als elegante Tafel dienen kann, machen das Speisen im Aigner zum Ereignis im wahlweise geselligen oder intimen Rahmen. Das Restaurant hat eine Spiegeldecke und schwarze Teakholztische; als Raumteiler eingesetzte Regale sorgen für dezente Behaglichkeit. Mindestens fünf Business-Menüs mit drei oder vier Gängen stehen zum Lunch zur Wahl, außerdem eine Wiener Variation, ein deutsches Menü und regionale Berliner und Brandenburger Gerichte.

NICHT FÜR JEDERMANN

65 Cookies und Cookies Cream

Charlottenstraße 44/45

Dieser Club ist der Stoff, aus dem Berliner Legenden entstehen. Cookies ist das Pseudonym des geheimnisumwitterten Clubveranstalters Heinz »Cookies« Gindullis, der seine Nächte im Partyuntergrund der frühen Neunziger als Techno-DJ begann. Seine Partys waren exklusive Events, bei denen nur Einlass fand, wer ein bestimmtes Passwort kannte. Das Cookies ist sein erster fester Club und avancierte binnen kürzester Zeit zum angesagten Szenetreff – mit der härtesten Tür der ganzen Stadt. Kahle Steinwände und karge Möblierung spielen auf das frühere Nomadentum des Clubs an. Jüngst hat Gindullis seine After-Hour-Location in einem ehemaligen Hotelgebäude um ein Restaurant erweitert, das Cookies Cream. Die Architekten Sören Röhrs und Laura Rave ließen auch das Lokal dekadent mit dem Verfall kokettieren: Den unverputzten Wänden mit herabhängenden Leitungen und nackten Ziegeln stehen helle, gemütliche Sitzelemente, warme Beleuchtung, Tischdecken und akkurat eingedecktes Silberbesteck gegenüber. Da man hier zum Dessert tanzen geht, ist die Cuisine angemessen leicht und vorwiegend vegetarisch. Es empfiehlt sich zu reservieren.

GRÜSSE AUS TADSCHIKISTAN

66 Tadshikische Teestube/Die Möwe

145

BERLINER WAHRZEICHEN

67 Dachgarten – Käfer im Bundestag

137

HOTEL-LEGENDE

68 Hotel Adlon Kempinski

112

EDELBIERGARTEN

69 Menardie

Alt Moabit 143–145

Dieser Biergarten für gehobene Ansprüche liegt an der neu angelegten Uferpromenade des Regierungsviertels, direkt vor dem Amtszimmer des Bundeskanzlers. Der Abstecher lohnt sich: An schönen Tagen kann man entweder auf den Außenbänken Platz nehmen und den Blick auf das Bundeskanzleramt und den Lehrter Stadtbahnhof genießen oder sich in den Garten zurückziehen. Dort sitzt man unter Kastanien, im Hintergrund fließt die Spree vorbei. In den kalten Monaten ist man im großen, hellen Pavillon gut aufgehoben. Das Speisenangebot ist originell und köstlich: deutsche und marokkanische Häppchen statt rustikaler Biergartenkost. Zukünftig sind in dem denkmalgeschützten Gebäude ein Restaurant und im Souterrain ein orientalischer Club geplant.

WILLKOMMEN IM NEUEN BERLIN

70 Sony Center

Potsdamer Platz

Helmut Jahn (s. auch S. 96) schuf dieses eindrucksvolle Symbol des neuen Berlin: Sein spektakuläres gläsernes Stahl-Glas-Zeltdach erhebt sich über dem Forum des 25 000 Quadratmeter großen Sony Center. Es umfasst die Europazentrale des Konzerns, ein IMAX-Kino, Restaurants, den Kaisersaal (s. S. 41) sowie das sehenswerte Filmmuseum, das unter anderem viele Stücke aus dem Nachlass von Marlene Dietrich zeigt.

ZURÜCK IN DIE ZUKUNFT

71 DaimlerChrysler-Komplex

- Kollhoff-Gebäude
- Sammlung DaimlerChrysler

Neben dem eleganten, himmelstrebenden Glas-Stahl-Konstrukt des Sony-Gebäudes nimmt sich der Gebäudekomplex der DaimlerChrysler City mit 70 000 Quadratmeter Fläche fast wuchtig aus. Das Unternehmen betraute Stars der internationalen Architektenszene wie Renzo Piano, Richard Rogers und den Deutschen Hans Kollhoff mit der Aufgabe, ihre Zukunftsvisionen in der neuen Hauptstadt umzusetzen. Kollhoff ließ sich von den Bauten des New York der Zwanzigerjahre inspirieren und entwarf einen monumentalen roten Backsteinkörper, dessen Eckwinkel das New Yorker Flatiron Building aus dem Jahr 1902 zitieren. Von der Besucherterrasse blickt man auf die neuen und kontrovers diskutierten hochmodernen Gebäude, die in Berlins neuer Mitte buchstäblich aus dem Nichts emporgewachsen sind.

Schräg gegenüber findet sich im Weinhaus Huth (1912), dem einzigen erhaltenen Haus aus der Kaiserzeit am Platz, die Sammlung DaimlerChrysler. Sie zeigt in vier Ausstellungen pro Jahr unter anderem Werke von Andy Warhol, Jeff Koons, Walter de Maria und Josef Albers.

URBANE OASE

72 Madison

116

FERNÖSTLICHER LOGENPLATZ

73 QIU

157

JUNGES KOCHGENIE

74 Facil

140

DES KAISERS NEUE KLEIDER

75 Kaisersaal

Bellevuestraße 1

In seiner Blütezeit in den Goldenen Zwanzigern war das Grand Hotel Esplanade glanzvoller Mittelpunkt der Berliner Gesellschaft. Greta Garbo, Asta Nielsen, Marlene Dietrich, Charlie Chaplin – sie alle residierten und tafelten hier. Bomben zerstörten im Zweiten Weltkrieg 90 Prozent des Gebäudes. Das wenige, das unversehrt blieb, wurde 1989 unter Denkmalschutz gestellt. Als jedoch 1996 die Bauarbeiten für das Sony Center begannen, war der Kaisersaal im Weg. Die Architekten lösten das Problem, indem sie die verbliebenen Räume und Fassadenteile 75 Meter weit verschoben – ein spektakulärer Eingriff, der durch eine raffinierte technische Lösung mit Luftkissen möglich wurde. Die Innenwände wurden umgedreht und blicken nun, durch schweres Glas geschützt, nach außen. Dass Kaisersaal, Palmenhof und Silbersaal in überschwänglichem Neorokoko und Neobarock heute Teil eines Bauwerks sind, das vielen als Inbegriff der Postmoderne in Berlin gilt, entbehrt nicht einer gewissen Ironie. Den Kaisersaal bewirtschaften Josef Laggner und Gerhard Lenggauer (Lutter & Wegner, s. S. 130). Meist wird er für Veranstaltungen genutzt und ist der Öffentlichkeit nur sehr eingeschränkt zugänglich (mit Reservierung im Restaurant mit deutsch-französischer Küche). Die Tage, die für Reservierungen zur Verfügung stehen, werden per Aushang sowie im Internet angekündigt.

KULTURKONZENTRAT

76 Kulturforum

Potsdamer Straße

Westlich des Potsdamer Platzes entstand seit den Sechzigerjahren das Kulturforum. Das bekannteste – und zuerst fertig gestellte – Gebäude des Ensembles ist die Philharmonie mit ihrer markanten gelben Fassade. Der Bau wurde zwischen 1960 und 1963 von Hans Scharoun entworfen und ausgeführt, um im Krieg zerstörte Konzertsäle zu ersetzen. Der Aufführungsort für klassische und moderne, Orchester- und Kammermusik ist Heimat des Berliner Philharmonischen Orchesters, gegenwärtig unter der Leitung von Sir Simon Rattle. Scharoun ordnete die Sitzplätze um die Bühne herum an, ein revolutionäres Konzept, das Frank O. Gehry für die Disney Hall in Los Angeles aufgriff. In den Genuss der einmaligen Akustik dieses Raumes zu kommen ist ein erhebendes Erlebnis. Neben der Philharmonie steht das von Scharoun entworfene Institut für Musikforschung mit dem Musikinstrumentenmuseum.

Die Neue Nationalgalerie verdient, abgesehen von der Sammlung früher deutscher Expressionisten, die sie beherbergt, vor allem als eines der letzten Werke von Mies van der Rohe Beachtung. Der visionäre Architekt des 20. Jahrhunderts verlegte in dem in Chicago entworfenen und zwischen 1965 und 1968 hier errichteten modernen, geräumigen Kunsttempel aus Stahl und Glas die ständige Sammlung in unterirdische Räumlichkeiten. So entstand eine luftige ebenerdige Fläche für wechselnde Ausstellungen. Zum Komplex gehören außerdem die Gemäldegalerie mit kostbaren Werken alter Meister, das Kupferstichkabinett und die Kunstbibliothek, das Kunstgewerbemuseum von Scharoun-Schüler Rolf Gutbrod sowie die Berliner Staatsbibliothek.

Prenzlauer Berg

PANKOW
WEDDING
PRENZLAUER BERG
FRIEDRICHSHAIN
MITTE
1 Kilometer
Bornholmer Straße
Wisbyer Straße
Behmstraße
Paul-Robeson-Straße
Arnimplatz
Schivelbeiner Straße
Dänenstraße
Kopenhagener Straße
Gleimstraße
Gaudystraße
Ramlerstraße
Rügener Straße
Brunnenstraße
Schönhauser Allee
Kuglerstraße
Erich-Weinert-Straße
Rodenbergstraße
Wichertstraße
Humannplatz
Ostseestraße
Georg-Blank-Straße
Kuglerstraße
Greifenhagener Straße
Stargarder Straße
Prenzlauer Allee
Friedrich-Ludwig-Jahn-Sportplatz
Mauer-Park
Helmholtzplatz
Lychener Straße
Raumerstr.
Hiddenseer Str.
Stubbenkammerstr.
Fröbelplatz
Ernst-Thälmann-Park
Greifswalder Straße
Danziger Straße
Eberswalder Straße
Oderberger Straße
Kastanienallee
Bernauer Straße
Vinetaplatz
Arkonaplatz
Rheinsberger Straße
Fürstenberger Straße
Kollwitzplatz
Wörther Straße
Sredzkistraße
Knaackstraße
Belforter Straße
Metzer Straße
Immanuelkirchstraße
Marienburger Straße
Heinrich-Roller-Straße
Chodowieckistraße
Jablonskistraße
Christburger Straße
Senefelderplatz
Zionskirchstraße
Fehrbelliner Straße
Veteranenstraße
Volkspark am Weinberg
Zehdenicker Straße
Christinenstraße
Saarbrücker Straße
Straßburger Straße
Torstraße
Mollstraße
Prenzlauer Berg
Rosenthaler Platz
SCHÖNHAUSER ALLEE
PRENZLAUER ALLEE
EBERSWALDER STRASSE
VOLTASTRASSE
BERNAUER STRASSE
GREIFSWALDER STRASSE
SENEFELDERPLATZ
ROSENTHALER PLATZ
ROSA-LUXEMBURG-PLATZ
1
2
3
4
5
6
7
8
9
10
11
12
13
14
15
16
17
18
19
20
21
22
23
24
25
26

Die Ursprünge von Prenzlauer Berg liegen in der Gründerzeit. Damals war es ein Arbeiterwohnviertel, die größte Mietskasernenstadt Europas. Die Ärmsten der Armen lebten im dritten, vierten oder fünften Innenhof, da, wo kaum noch Licht hinfiel. Von den Bomben des Zweiten Weltkriegs blieb das Viertel weitgehend verschont – ein Glücksfall für den Besucher der Gegenwart, der in den Genuss der schnörkellosen preußischen Ästhetik kommt. Prenzlauer Berg konnte sich stets einer hohen Konzentration an Künstlern und politischen Aktivisten rühmen. Es war ein Zentrum des liberalen Widerstandes, der sich im Dritten Reich formierte, und zu DDR-Zeiten begründeten sich hier Bürgerinitiativen.

In den Jahren nach 1989 entwickelte sich der graue, heruntergekommene Stadtbezirk zu einem Nährboden für junge, kreative Ideen und Talente. Die Mietskasernen mit ihren Hinterhofgebäuden boten, damals noch unsaniert, günstigen Wohnraum für die Trendsetter und ihr Gefolge, die aus der ganzen Republik in den Osten Berlins kamen. Improvisierte Bars, halblegale Clubs und schräge Galerien schossen wie Pilze aus dem Boden.

Inzwischen erstrahlen weite Teile des Bezirks in neuem Glanz, die Begründer der hiesigen Szene in den ersten Nachwendejahren sind längst weitergezogen. Das Kiez ist solider geworden und als Wohngegend begehrt, und doch gibt es hier nach wie vor ein buntes gesellschaftliches Gemisch, in dem besser gestellte und weniger wohlhabende Neu- und Altberliner harmonisch neben- und miteinander leben. Die vielen Bars und Restaurants, in denen man sich trifft, verleihen dem Viertel ein weltoffenes Flair. Wer hier wohnt, für den steht der »Prenzlberg«, wie er liebevoll genannt wird, für einen ganzen Lifestyle. Erleben Sie das Quartier dort, wo es am lebendigsten ist, auf seinen Straßen und Plätzen: am Kollwitzplatz, wo Künstler in direkter Nachbarschaft zum Bundestagspräsidenten leben; am Helmholtzplatz, wo man sich auf den Parkbänken entspannt über Gott und die Welt unterhält; oder in der Kastanienallee, wo sich hippe Trendsetter unter die in die Jahre gekommene Avantgarde einer untergegangenen Ära mischen.

MULTIFUNKTIONAL GESTERN UND HEUTE

1 Pfefferberg

Fehrbelliner Straße 92

1841 gründete ein bayerischer Braumeister namens Pfeffer eine Brauerei in Berlin und gab dafür bei dem Architekten Arthur Rohmer ein Gebäude in Auftrag. Häufig umgebaut und erweitert, diente der Bau ab 1921 nicht mehr der Brauerei, sondern einer Schokoladenfabrik und einem Brotfabrikanten als Produktionsstätte. Im Zweiten Weltkrieg schufteten hier Zwangsarbeiter, dann nutzte man den Pfefferberg als Luftschutzbunker und in der DDR als Großküche, Druckerei und Lehrwerkstatt. 1990 hielt die Kultur hier Einzug, und gegenwärtig ist der Bau im Besitz einer Treuhandgesellschaft, die sich um die Sanierung kümmert. Beliebtester Treff auf dem Pfefferberg ist der große Biergarten, danach besucht man eines der Konzerte oder Club-Events. Die renommierte Akira-Ikeda-Galerie eröffnete hier ihre Berliner Zweigstelle mit einer Ausstellung von Werken des gefeierten Künstlers Frank Stella, und man munkelt, dass das berühmte Vitra Design Museum, das seine Berliner Dependance 2004 schließen musste, hier ab 2006 ein neues Zuhause finden wird.

ANOTHER BRICK IN THE WALL

2 Mauerpark

Zwischen Eberswalder Straße und Gleimstraße

Ein langer schmaler Streifen auf der Westseite eines der wenigen erhalten gebliebenen Mauerabschnitte ist die grüne Oase im Prenzlberg: der Mauerpark. Der eigentliche Spazierweg mag kaum mehr als ein Trampelpfad sein – eine besonders bei Hundebesitzern beliebte Strecke –, aber Insider wissen: Wenn man den Hügelkamm hinaufsteigt, auf dem die Mauer einst verlief, hat man eine umwerfende Aussicht auf die Berliner Wohnblocks aus der Gründerzeit und die im Gegensatz dazu ultramodern wirkende Kugel des Fernsehturms (s. S. 17). Der Anblick der verbliebenen Mauerreste lässt über die schmerzliche Teilung der Stadt und das, was aus ihr hervorgegangen ist, nachdenken. Im Sommer verwandelt sich der Park in einen improvisierten Biergarten für Selbstversorger.

DESIGNERFRÜHSTÜCK

3 Cantian

Cantianstraße 11

Durch die gläserne Westfassade fluten Licht und Wärme in das Café-Restaurant der Brüder Ivan und Niko Gosevski im Erdgeschoss des preisgekrönten Gebäudes, das der Architekt Michael A. Peter schuf. In seinen vertikal übereinander getürmten Apartmentwürfeln mit Blick auf den benachbarten Friedrich-Ludwig-Jahn-Sportplatz lebt gern, wer am Prenzlauer Berg jung und hip ist. Aber auch das Café hätte einen eigenen Preis verdient: für eines der besten Frühstücksangebote in Berlin. Für weniger als 15 Euro werden im Cantian zwei Personen bei Lachs und Käse, Truthahnbrust, frischem Obstsalat, verschiedenen Brotsorten und Marmeladen satt, dazu gibt es Orangensaft, Prosecco oder Kaffee. Die Gebrüder Gosevski haben ihr Café nach dem Berliner Architekten Johann Gottlieb Cantian benannt. Auch den Architekten Peter hat man in die Familie aufgenommen: Von seiner Schwester Nico stammen die Gemälde und Fotodrucke, die zur verspielten, kinderfreundlichen Atmosphäre im Cantian beitragen.

Zeitlos gut und nicht auf Trends angewiesen ist eine Location ganz anderer Art: Konnopkes Imbiss, der ein paar Hundert Meter weiter am U-Bahnhof Eberswalder Straße liegt. Die hiesige Currywurst und die knusprig-frischen Pommes frites gelten vielen als die besten in ganz Berlin – und das seit über 70 Jahren.

GANZ SCHÖN COOL

4 Eisdieler

Kastanienallee 12

Die vielen guten Ideen der fünf »Eisdieler« haben ihrer urbanen Streetwear einen exzellenten Ruf in der Berliner Designszene eingebracht. Martin Ruffert entwirft unter den Labels Quid Quo Pro (hochklassige Wake- und Snowboardwear) und Bowler. DC – Director's Cut (Herrenanzüge) – und Presque Fini (schicke Jerseykleider und fellgefütterte Muffe mit Taschen) stammen von Stefan Dietzelt und Pauline Immich. Unter der Hausmarke gibt es auch die Kreationen von Olaf Grützner (Wild Spirit, Recyclingwear), Ove Jepsen (Gossip 67, dezente Streetwear mit Überraschungseffekt) und Till M. Fuhrmann, der in seiner Kollektion TMF auf Ketten und Armbänder mit Macho-Touch setzt. Die haifischzahnähnlichen Objekte werden aus Knochen und Mahagoni geschnitzt. Vier der fünf Fashionfreunde haben sich im Lette-Verein, einer privaten Designschule im ehemaligen Westberlin, kennen gelernt, Ruffert war früher Berater für international bekannte Sportlabels. Der Name Eisdieler geht auf die Eisdiele zurück, in der 1995 die erste Boutique eröffnet wurde. Eisdieler ist übrigens auch die Adresse, um eine der legendären Sporttaschen von Gola zu erstehen.

BIERGARTEN MIT ANHANG

5 Pratergarten & Hecht Club

147

Eisdieler

Alice clar?
ich kann nicht spray

Eisdieler
Eisdieler

BERLIN
www.potipoti.com

ABENTEUER WOHNEN

6 RoomSafari

Swinemünder Straße 6

Das Designerduo Christine Nogter und Chul Cheong und die Brüder Eric Dieter (mit kaufmännischer Ausbildung) und Jork André Dieter (er studierte Kommunikationsdesign) schlossen sich 2001 zu einer Agentur zusammen – mit dem Ziel, »Produkte für entspanntes Wohnen« zu entwerfen. Zu ihren Kreativleistungen gehören Laden- und Bürointerieurs – zum Beispiel für Breathe (s. S. 163) –, aber die Ladengalerie bei RoomSafari zeigt auch ungewöhnliche Produkte und witzige Spielereien: Gläser, die an der Zahl der eingravierten Ringe erkennbar sind, damit man das eigene Glas auch dann noch identifizieren kann, wenn die Party etwas unübersichtlich geworden ist. Oder wie wäre es mit einer quadratischen Merktafel, die an einem Kleiderbügel hängt? RoomSafaris Originalität entspringt der Fähigkeit, Alltagsobjekte in überraschend Dekoratives und Nützliches zu verwandeln.

BAUFORUM

7 suitcasearchitecture

Choriner Straße 54

Beate Engelhorn und Kristien Ring gründeten ihr Atelier 2001 als »Forum für Neulinge und innovative etablierte Architekten, um das öffentliche Bewusstsein für Baukultur zu schärfen«. Kennen gelernt haben sich die beiden Architektinnen, als sie an der Technischen Universität Cottbus lehrten. Ihre Arbeit mit den Studenten hat ihnen vor Augen geführt, dass junge Talente um Öffentlichkeit ringen müssen, gleichzeitig aber die Gruppe sind, die öffentliche Aufmerksamkeit am dringendsten benötigt. »Ziel unserer Ausstellungen ist es, die Entwicklung einer Idee von Anfang bis Ende zu zeigen. Wir sind fasziniert vom Prüfen, Bewerten, Verwerfen und Überarbeiten, das die Genialität im Werk von Designern und Architekten ausmacht.« Deshalb organisiert suitcasearchitecture Ausstellungen und schreibt Wettbewerbe aus – zum Beispiel für das beste Lebkuchenhaus zu Weihnachten.

DA BRAUT SICH WAS ZUSAMMEN

8 KulturBrauerei

Schönhauser Allee 36

Ein großartiges Beispiel für die Wiederbelebung eines heruntergekommenen Industriearchitekturdenkmals ist die KulturBrauerei in den roten und gelben Klinkersteingebäuden der ehemaligen Schultheiss-Brauerei. Das riesige Ensemble mit 20 Gebäuden, die sich über sechs Höfe verteilen, wurde mit viel Liebe zum Detail saniert – so findet sich an jedem Gebäude noch die alte Beschriftung, die seinen ursprünglichen Zweck verrät – und dürfte das größte Kulturzentrum seiner Art in Europa sein. Bier spielt hier natürlich immer noch eine Rolle, z. B. im großen Biergarten oder im daneben liegenden, sehr angesagten Soda, das für seine »Süßen Hüpfer« (geröstete Heuschrecken im Schokomantel) berühmt-berüchtigt ist. Die Zahl und Vielfalt der kulturellen Veranstaltungen, die hier Abend für Abend stattfinden, ist fast unüberschaubar: Konzerte, Lesungen (u. a. in der LiteraturWERKstatt), Theateraufführungen, Dance-Partys und Filme im hauseigenen Kino. Unbedingt einen Besuch lohnt die Sammlung Industrielle Gestaltung, die u. a. der Produktgestaltung und Alltagskultur der ehemaligen DDR gewidmet ist.

HASIS IN FREIER WILDBAHN

9 Hasipop

Oderberger Straße 39

»Der Name Hasipop ist Nonsens«, sagt Claudia Fauth über den Namen ihres Fashionlabels. »Aber er gefiel uns, weil wir Häschen mögen und die Popkultur lieben.« Fauth traf Esther Jacobi 1999, und die beiden begannen, Mode für sich selbst zu kreieren. »Nur zum Spaß. Aber Leute kamen auf uns zu und fragten, wo wir die Sachen gekauft hätten.« Schon bald gründeten sie ihre eigene Boutique und nahmen auch Labels einheimischer Modeschöpfer auf: Anne Schmuhls Hosen und Jacken, Anja Lafins Hemden, die Babymode von 667 und die Girlie-Röcke und T-Shirts von Lucid 21 (s. S. 68). Alles verträgt sich prächtig mit der Haltung, die hinter Hasipop steht: die Mode – und das Leben – nicht zu ernst zu nehmen.

BEACH & BATH

10 Strandbad

Wörther Straße 12

Die Kombination von Produkten für den Strand mit Artikeln fürs Bad war die Idee von Marina Vassmer und Sylvia Rottenburger. »Deutschland ist so fixiert auf Einbauküchen, da wollten wir uns auf einen anderen Raum im Haus konzentrieren, in dem man viel Zeit verbringt«, erklärt Vassmer. Da gibt es Bürsten und Seifen aus reinen Ölen von Acca Kappa, einem uralten italienischen Familienbetrieb, oder die einheimische Berliner Kollektion »1000 & 1 Seife« von Xenia Trost, deren Vorleben als Grafikerin sich durch coole Aufkleber und Schriften auf den Seifen verrät. Besonders beliebt: die Kosmetiktaschen aus Chenille von Seiler – viele Kundinnen sind so angetan von ihnen, dass sie sie zu Handtaschen umfunktionieren.

ESSEN MIT BILL

11 Gugelhof

Knaackstraße 37

»Ja, Bill Clinton hat hier gegessen.« So antworten die Mitarbeiter des Gugelhof wie aus der Pistole geschossen auf so ziemlich jede Frage, die nicht explizit der Speisekarte gilt. Das Restaurant von Hans Nübel und Detlef Obermüller ist zwar ohnehin bekannt für seine vorzügliche elsässische Küche. Doch verbinden wird man mit ihm wohl für immer jene Geschichte von US-Präsident Bill Clinton, der eines Tages bei einem Berlin-Besuch zufällig vorbeifuhr, das Restaurant erspähte und spontan darauf bestand, dort zu speisen. Der Name des Lokals ist eine Wortschöpfung aus »Gugelhupf« und »Gasthof«. Zu den Spezialitäten des Hauses gehören Bäeckeoffe, Forelle gegart mit Riesling und Kräutern sowie das Gericht, das auch Bill Clinton bestellte, »Choucroute Gugelhof«, der elsässische Klassiker mit Sauerkraut, Blutwurst, Schweinebauch und -nacken, serviert mit Kartoffeln und Senf.

WEIN UND DELIKATESSEN

12 Weinhandlung Baumgart & Braun

Wörther Straße 21

1992 eröffnete Marcus Baumgart diese erste, von ihm selbst entworfene Weinhandlung, der 2002, ermutigt vom Erfolg des Erstlings, ein zweites Geschäft in Mitte folgte. In beiden Läden führt Baumgart erlesene Weine aus aller Welt. Im Mittelpunkt des Raums in der Wörther Straße steht ein wunderschöner aquamarinblauer Kachelofen, der im Winter für wohlige Wärme sorgt. Den guten Tropfen erweist man hier Respekt, die Weine werden auf riesigen Metallregalen dargeboten oder in den Holzkisten ausgestellt, in denen sie angeliefert werden. Es gibt eine große Auswahl an deutschen Weinen, unter denen der Dr. Loosen Riesling der berühmteste (und kostspieligste) ist. Baumgart hält auch eine Auswahl kleiner Leckereien bereit, die wunderbar zu den edlen Tropfen passen: Oliven, Sardellen und Kapern aus Spanien, italienische Öle und Kekse sowie stets frisches Brot.

CHARI-TAI

13 Mao Thai

Wörther Straße 30

Norbert Frankenstein arbeitete als Lehrer in Japan, als er erstmals Thailand besuchte und sich in das Land und seine Küche verliebte. Er entwickelte eine besondere Vorliebe für die Gerichte aus dem Nordosten des Landes. So eröffnete er schließlich zwei Restaurants in Berlin (und ein weiteres in Dublin). Das Lokal in der Wörther Straße bietet ein edel-schlichtes Ambiente für die ausgezeichneten Suppen, Salate, Currys, Enten- und Fischgerichte. Die Möbel wurden eigens in Südthailand gefertigt. Es mag ungewöhnlich scheinen, dass ein Deutscher asiatische Restaurants eröffnet. Frankenstein motiviert freilich ein ernsthaftes Anliegen: Er beschäftigt in seinen Lokalen überwiegend Thailänder, die er für einige Zeit nach Europa holt und denen er die hier üblichen Löhne zahlt. Außerdem spendet Frankenstein einen Teil seiner Gewinne aus den Restaurants für soziale Projekte in Thailand.

IM HERZEN DES VIERTELS

14 Käthe-Kollwitz-Platz / Wasserturm

Käthe-Kollwitz-Platz

Die bekannte Grafikerin Käthe Kollwitz (s. S. 93) lebte mit ihrem Mann, dem Armenarzt Dr. Karl Kollwitz, fünfzig Jahre lang in der Kollwitzstraße (früher Weißenburgerstraße). In dieser Zeit entstanden die meisten ihrer berühmten Milieustudien. Das Wohnhaus steht nicht mehr, doch auf dem Grundstück erinnert eine Kopie der Kollwitz-Plastik »Die Mutter« an die Künstlerin. Auf dem Platz, der nach ihr benannt wurde, sitzt sie höchstselbst als Statue (Gustav Seitz, 1958). Der Platz ist heute einer der Treffpunkte des Viertels, rundherum stehen wunderschön sanierte Wohnhäuser, in denen sich etliche Bars und Lokale niedergelassen haben. In der Südostecke des Platzes erhebt sich der runde Wasserturm aus dem 19. Jh., einst Bestandteil eines Wasserwerks. Die interessante Akustik des Baus nutzt heute das Kunstfestival *Kryptonale.* Im Turm befinden sich auch heiß begehrte Wohnungen.

SCHMUCK, HERRLICHER SCHMUCK

15 Tosh

Sredzkistraße 56

Übermütig, knallbunt, auffällig und mondän – wer seinen Modeschmuck so liebt, ist bei Tosh richtig. Die Boutique in der Szredzkistraße ist der Flagship-Store des 1993 gegründeten Designerlabels. Thomas Schwender feiert Erfolge an allen Fronten: Der Großhandel floriert, Prominenz aus Film und Fernsehen hat seinen inzwischen international als Berliner Stil bekannten Kreationen zum Durchbruch verholfen, und einige seiner originellen Stücke finden sich sogar im Museumsshop des Museum of Modern Art in New York. Zwei Kollektionen bringt Schwender pro Jahr heraus. »Ich versuche, jede Saison etwas Neues zu machen. Ich schätze, Tosh ist populär geblieben, weil es immer widerspiegelt, was mich im Moment inspiriert.« Er liebt es, seine Kundinnen zu überraschen, und er legt auch dann eine Kollektion nicht noch einmal auf, wenn sie kommerziell erfolgreich war.

VISIONÄRE MODE

16 Schelpmeier

Knaackstraße 20a

Ein unauffälliger Raum mit nacktem Holzboden und einem Lüster, dessen Licht Schatten auf die Kranzleisten wirft. Das moderne, aber klassische Dekor bietet Gabriele Schelpmeier den idealen Rahmen für ihre ausgesuchten Stücke deutscher und skandinavischer Modeschöpfer: eine Auswahl von Teilen des originellen dänischen Labels NOA NOA (edler Hippieschick, Mustermix mit aufwendigen Stickereien, ausgefallene Accessoires), von Day die passenden Dessous dazu, ergänzt um edle Unterwäsche von Falk und um die witzige Kinderkleidung, die ihre Freundin Claudia Benditz entwirft. Eigene Entwürfe vertreibt Schelpmeier unter dem Label Loreley.

FINNISCH GESUND

17 Saunabad

Rykestraße 10

Schwer zu glauben, dass diese Sauna im Herzen einer Großstadt liegen soll. Mit dem Innenhof, der Wind und Wetter ausgesetzt ist, den Steinböden, vielen Pflanzen und etwas unheimlich wirkenden Holzskulpturen scheint das Saunabad nicht ganz von dieser Welt zu sein. Jeden Tag, von Mittag bis Mitternacht, bietet es auf 500 Quadratmetern drei Saunen (darunter eine Schweigesauna, in der nur Vogelzwitschern zu hören ist), ein Tauchbecken, ein stilles Refugium mit Liegestühlen zum Lesen, einen Garten und Massagen. Um die glühend heiße Blockhaussauna mit den großen Fenstern zu erreichen, muss man durch den Innenhof (das eigene Handtuch nicht vergessen!). Dort schwitzt man dann mit Blick in den Garten. Zu jeder vollen Stunde teilt ein Saunameister Eiswürfel aus, bevor er den Kräutersud über die Kohlen gießt. An Dienstagen bleiben die Frauen unter sich.

RUSSLAND IST EIN SCHÖNES LAND

18 Pasternak

150

KUNST UND KLEIDER

19 Sabine Kniesche

Knaackstraße 33

Sabine Kniesche liebt Kunst und Kleider, hatte jedoch einen Job in der Wirtschaft. Designerin Sylvia Heise brauchte eine Dependance in Berlin. Zwei Frauen, eine Lösung! So begann vor über einem Jahrzehnt eine beiderseitig erfreuliche Partnerschaft. Seit 2002 führen die beiden diese Ladengalerie in der Knaackstraße. Heise entwirft »erwachsene« Sachen mit raffinierten sexy Details: langärmelige Kleider, mit nichts als einigen wenigen Druckknöpfen verschlossen; flauschige Angorapullover; oder einen Rock, der aussieht, als wäre er aus nassem Stein. In Wirklichkeit besteht er aus Polyester mit eingewebten Metallfäden, der sich der Figur der Trägerin anpasst. Der Platz an den Wänden ist Künstlern vorbehalten, die Sabine Kniesche vorstellen möchte.

MODELATEIN

20 Mutabilis

Stubbenkammerstraße 4

»Der Name erklärt unsere Mode«, sagen Sabine Jentsch, Franziska Erler und Annett Oeding, die drei Frauen, die hinter Mutabilis stehen. Die Marke bietet seit 2001 feminine, körperbetonte und selbstbewusste Mode für die moderne Frau. Der lateinische Name der Boutique lässt sich mit verwandelbar und facettenreich übersetzen; er ist auch das Credo, nach dem das Trio drei unabhängige Kollektionen entwirft: »trend«, »young classics« und »evening fashion«. Alle Stücke illustrieren das Talent der jungen Modeschöpferinnen, innovative Kleidung aus verführerischen Stoffen zu schneidern. Ein Kunstlederkorsett umspannt die Taille, das Dekolleté badet in üppiger weißer Baumwolle, Monokelkettchen ergänzen den Nadelstreifenanzug, und Röcke umwehen die Beine in langen Lagen aus reinem Chiffon und erlauben einen gelegentlichen Blick auf die Waden.

SCHOKOLADENHIMMEL

21 In't Veld Schokoladen

171

MÖBEL VON GESTERN, LEUTE VON HEUTE

22 Marietta

Stargarder Straße 13

Torsten Behrends kleines Café ist von einem warmen Goldton geprägt. Das Interieur verrät Behrends Liebe zu alten Möbeln. Sachkundig hat der ehemalige Antiquitätenhändler den helleren Raum vorne mit Stühlen, Tischen, Lampen und Zeitschriftenständern eingerichtet – alles Originalstücke aus den 1950er-Jahren. Das dunklere hintere Zimmer ist den Sixties geweiht: Den »Cocktailbereich« umringen gemütliche niedrige Sofas und Couchtische. Behrend hat für diese einmalige Sammlung viele Antiquitätenmärkte abgeklappert. Die Speisekarte ist übersichtlich: Frühstück, Suppen, Cocktails und die beliebte DDR-Spezialität »Schwedeneisbecher« – Vanilleeis mit Apfelmus und Schlagsahne. Im Marietta bedienen sich die Gäste übrigens selbst.

ANGESAGT UNWOHNLICH

23 Wohnzimmer

Lettestraße 6

Der Name verrät mehr über die Atmosphäre als über das Dekor. Wer tatsächlich ein solches Wohnzimmer hat, ist entweder ein geborener Bohemien mit einem gestörten Verhältnis zu Putzmitteln oder einfach ein hochgradig seltsamer Zeitgenosse. Sicher ist: Dieses Lokal ist skurril. Neben einem uralten Waschbecken krallen sich noch ein paar Kacheln an die ansonsten nackte Wand, und in keinem der vier Räume passt ein Stück zum anderen. Reindol Klenner hat das Wohnzimmer 1998 als Bar eröffnet, und – Überraschung! – das unorthodoxe Konzept erwies sich als äußerst erfolgreich. Ins Wohnzimmer kommen Szeneleute aus der Nachbarschaft, und die Bar ist auch an Wochentagen selten leer – was an der großen Zahl von freiberuflichen Designern und Künstlern in der Umgebung liegen mag, die ihre Freizeit im Wohnzimmer verbringen. Die Karte ist schlicht: Frühstück und Kuchen.

FRISCHES LOFT-DESIGN

24 Exil Wohnmagazin

Backfabrik, Prenzlauer Allee 250

Man nehme 1200 Quadratmeter freie Fläche in einer schön sanierten ehemaligen Backfabrik, arrangiere eine erlesene Auswahl an zeitgenössischen Designermöbeln und Lifestyle-Accessoires aus Deutschland und Italien vor malerisch kargen Betonwänden – und schon strömen die Einrichtungsästheten in Scharen herbei! Diese Verkaufsausstellung, ihre zweite, haben Peter Dethlefsen, Michael Hillmer, Sunito Karthaus und Conny Neiber 2003 eröffnet (der erste Laden, der sich einfallsreich 21 Räume auf vier Etagen zunutze macht, entstand mit ähnlichem Sortiment 1998 in der Yorckstraße 24 in Kreuzberg). Der Shop an der Prenzlauer Allee ist ein wunderbar großzügiger, offener Raum, ganz dem Leben im Loft gewidmet, mit den dazu passenden Möbeln. Die Stücke – u. a. vom Berliner Label Hausfreund – suchen die Inhaber sorgfältig selbst aus. Und sie sind kritisch. Schließlich verstehen sie ihre beiden Läden nicht als Einrichtungsgeschäfte, sondern vor allem als Plattformen für junges internationales Design.

SINNLICHES ERLEBNIS

25 Nocti Vagus

Saarbrücker Straße 36–38

Es ist zwar nicht mehr Berlins einziges Dunkelrestaurant, aber das Nocti Vagus legt Wert darauf, das erste in Berlin gewesen zu sein. Willkommen in der Welt von Simone Glosch. Genervt vom Großstadtlärm, hat die Berliner Ingenieurin eine Umgebung geschaffen, in der Gaumenfreuden und ungewohnte Sinneswahrnehmungen zu einem genussvollen Gesamterlebnis verschmelzen. In einem unterirdischen Speisesaal bewirtet sie ihre Gäste in totaler Dunkelheit, um die nichtvisuellen Sinne zu schärfen. Für den Ohrenschmaus zur Gaumenfreude sorgt das Begleitprogramm der künstlerischen Leiterin Antje Schulz mit Jazz oder Klassik, Dunkellesungen oder Theaterabenden. Manche Pärchen treffen sich hier zum echten Blind Date, andere machen in dieser ungewöhnlichen Umgebung ihren Heiratsantrag oder lassen sich trauen. Auch ein interessanter Rollentausch ist Teil des Erlebnisses für die sehenden Gäste: Sie müssen die Kontrolle abgeben und sich auf eine auf Berührungen basierende Beziehung zu einem der sieben blinden Kellner einlassen, die das Restaurant führen. Diese sorgen dann als Vertrauensperson für die nötige Orientierung. Das Menü ist zwar festgelegt, aber Wünsche werden gern berücksichtigt – es sei denn, man lässt ausnahmsweise einmal alle Selbstbestimmung fahren und ordert die »Sinnliche Überraschung«.

GUTES AUS FLASCHEN

26 Weinerei

168

Partyservice
MULINO BIANCO
Ritornelli
Pan di Stelle
Tenerezze
Abbracci
MILANO
Bianco
SAPORI

Kreuzberg Friedrichshain

KREUZBERG
Leipziger Straße
Niederkirchnerstraße
Stresemannstraße
Wilhelmstraße
Kochstraße
KOCHSTRASSE
Anhalter Str.
Schöneberger Str.
ANHALTER BAHNHOF
Lindenstraße
Am Berlin Museum
Franz-Klühs-Straße
Hallesche Str.
Hallesches Ufer
HALLESCHES TOR
Tempelhofer Ufer
Blücherstraße
MEHRINGDAMM
Yorckstraße
Gneisenaustraße
GNEISENAU-STRASSE
Hagelberger Str.
Kreuzbergstraße
Viktoriapark
Bergmannstraße
Mehringdamm
Dudenstraße
PLATZ DER LUFTBRÜCKE
Platz der Luftbrücke
Columbiadamm
Volkspark Anton Saefkow
1 Kilometer
Greifswalder Straße
Danziger Straße
Am Friedrichshain
Volkspark Friedrichshain
Friedenstraße
Landsberger Allee
LICHTENBE
Petersburger Straße
Lichtenberger Straße
STRAUSBERGER PLATZ
Karl-Marx-Allee
WEBERWIESE
FRANKFURTER TOR
Frankfurter Allee
SAMARITER-STRASSE
FRANKF ALLE
Bersarinplatz
FRIEDRICHSHAIN
Boxhagener Straße
Grünberger Straße
Boxhagener Platz
Straße der Pariser Kommune
OSTBAHNHOF
Holzmarktstraße
Warschauer Straße
WARSCHAUER STRASSE
Revaler Str.
Neue Bahnhofstraße
Markgrafenstraße
Spree
MÄRKISCHES MUSEUM
SPITTELMARKT
HEINRICH-HEINE-STRASSE
Köpenicker Straße
Mühlenstraße
Annenstraße
Heinrich-Heine-Straße
Oranienstraße
MORITZPLATZ
Mariannenplatz
SCHLESISCHES TOR
Schlesische Straße
Stralauer Allee
Spree
Skalitzer Straße
GÖRLITZER BAHNHOF
PRINZENSTRASSE
Gitschiner Str.
KOTTBUSSER TOR
Böcklerpark
Carl-Herz-Ufer
Paul-Lincke-Ufer
Urbanstraße
SCHÖNLEINSTRASSE
Kottbusser Damm
Gneisenaustraße
Südstern
SÜDSTERN
Hasenheide
HERMANN-PLATZ
Volkspark Hasenheide
Hermannstraße
Columbiadamm
Flughafenstraße
RATHAUS NEUKÖLLN
BODDINSTRASSE
TREPTOW

Der Hügel, auf den der geniale Karl Friedrich Schinkel 1821 ein Denkmal stellte, blickt auf das umtriebige Viertel, dem er seinen Namen gegeben hat, herab: Kreuzberg. Der Ruf des Bezirks als Unruheherd und soziales Experimentierfeld rührt aus den 1970er- und 1980er-Jahren, als Studenten weite Teile des alten Arbeiterviertels vor der Zerstörung bewahrten. Hausbesetzungen und Demonstrationen brachten jene alternative Szene hervor, die das Lebensgefühl des Kiezes bis heute prägt. Am äußersten Rand der »Insel Westberlin« gelegen, entwickelte sich Kreuzberg zu einer Enklave verschiedenster politischer Gruppen. Die Nacht des 9. November 1989 veränderte den Bezirk dramatisch, rückte ihn vom Rand in die Mitte der Stadt.

Kreuzberg, das sich südlich der neuen Mitte von Westen nach Osten erstreckt, gliedert sich in zwei Teile. In Anlehnung an die alten Postleitzahlen nennen die Berliner den gesetzteren Westteil »Kreuzberg 61«: Es ist das Viertel um die Bergmannstraße mit schönen alten Wohngegenden. »Kreuzberg 36« mit seinen Quartieren um das Schlesische Tor und seiner Multikulti-Einkaufsmeile Oranienstraße ist kantiger, rauer, kontrastreicher. Ein Spaziergang durch die Einkaufsstraßen, über die Wochenmärkte oder an den Kanalpromenaden macht deutlich, wie sehr sich Kreuzberg seit seinen »wilden Tagen« verändert hat: Politisch ist es viel ruhiger geworden, Einheimische und Einwanderer aus dem In- und Ausland (insbesondere aus der Türkei) leben in einer entspannten multikulturellen Atmosphäre zusammen.

Das nördlich angrenzende Friedrichshain war von Kreuzberg lange Zeit nicht nur durch die Spree getrennt. Eine unüberwindliche Mauer stand zwischen den beiden so nah beieinander gelegenen Welten. Heute verbindet die Oberbaumbrücke wieder die beiden Stadtteile, die seit 2001 sogar als ein Bezirk (Friedrichshain-Kreuzberg) verwaltet werden. Friedrichshain gilt heute jenen Trendsettern, denen Mitte und Prenzlberg zu etabliert sind, als neues In-Viertel. Auf der Kneipenmeile Simon-Dach-Straße, am Spreeufer und rund um den »Boxi« (Boxhagener Platz) tobt das Leben, finden sich unzählige originelle Locations.

HISTORISCHER BODEN

1 Martin-Gropius-Bau Topographie des Terrors

Stresemannstraße 110/Niederkirchnerstraße 8

Martin Gropius, nicht zu verwechseln mit seinem berühmteren Neffen, dem Bauhaus-Gründer Walter Gropius, ließ sich vom Victoria and Albert Museum in London inspirieren, als er 1881 in Berlin dieses Ausstellungsgebäude errichtete. Viele Jahre beherbergte es Werke, die später in das Jüdische Museum übersiedelten, und Berlins Kunstsammlung, die 2004 in der Berlinischen Galerie (s. S. 63) ein eigenes Zuhause fand. Inzwischen zeigt der Martin-Gropius-Bau auf den frei gewordenen Flächen gerühmte Wechselausstellungen zeitgenössischer Kunst. Ganz in der Nähe, auf einem kargen Streifen Ödland, liegt die Topographie des Terrors, ein Gelände, auf dem eine Reihe von Gebäuden stand, die eine zentrale Rolle im Machtapparat der Nationalsozialisten spielten: Das Hauptquartier der Gestapo in der Prinz-Albrecht-Straße 8 und das Prinz-Albrecht-Palais, in dem die SS-Führung saß, machten das Areal zu einem Regierungsbezirk des Dritten Reiches und zu dem Ort, an dem die Grauen des Holocaust erdacht und geplant wurden. Über Rekonstruktionsarbeiten an den Gebäuden, am Dokumentationszentrum sowie an einem Stück der Mauer, das ebenfalls noch hier steht, wird seit längerer Zeit diskutiert.

IM WANDEL DER ZEIT

2 Café Adler

129

ZWEI JAHRTAUSENDE DEUTSCH-JÜDISCHE GESCHICHTE

3 Jüdisches Museum

Lindenstraße 9–14

Nach einem Rundgang durch das Tiefparterre im Jüdischen Museum kann man es Besuchern nachsehen, wenn sie irrtümlicherweise annehmen, sie befänden sich im Daniel-Libeskind-Museum – seine Handschrift in der Gestaltung des Mahnmals ist allgegenwärtig. Aber dem weltberühmten New Yorker Architekten ist es zweifellos gelungen, eine unbeschreibliche emotionale Intensität in einen Museumsbau einzubringen, der von vornherein dazu prädestiniert war, Kontroversen auszulösen. Das Interieur ist dekonstruktivistisch, das zinkverkleidete Gebäude drückt Verwirrung und Entfremdung aus. Der Holocaust-Turm aus dunklem Beton steht symbolisch für eine Gaskammer. Tausende aus Eisenplatten geschnittene Gesichter liegen an der Leerstelle des Gedenkens am Boden, ein trauriger Ort der stillen Meditation. Im Garten

MADNESS

der Erinnerung stehen dicht gedrängt Betonsäulen, die das Leid im Erleben jüdischer Deutscher heraufbeschwören. Die Museumsausstellung selbst würdigt das jüdische Leben in Deutschland mit einem faszinierenden Gang durch die Geschichte und zeigt Kunstwerke, Dokumente, Alltagsgegenstände und vieles mehr.

ENDLICH ANGEKOMMEN

4 Berlinische Galerie

Alte Jakobstraße 124–128

Es mutet seltsam an, dass die Berlinische Galerie, eine bedeutende Sammlung Berliner Kunst, deren Historie bis in das Jahr 1870 zurückreicht, nie eigene Räumlichkeiten hatte. Die Idee für die Sammlung stammt aus dem Jahr 1975, als Kuratoren zu dem Schluss kamen, dass die große Zahl an Kunstwerken aus dem 20. Jahrhundert, die in verschiedenen Museen in Berlin untergebracht waren, keinen rechten Zusammenhang ergab. Viele Jahre waren Teile der Sammlung im Martin-Gropius-Bau ausgestellt (s. S. 60), bis schließlich im Mai 2003 die Umbauarbeiten an der 3600 Quadratmeter großen ehemaligen Glasfabrik begannen, die den 10 000 bedeutenden Werken endlich ein eigenes Zuhause geben sollte. Die Ausstellung konzentriert sich auf die frühe Moderne, die Neue Sachlichkeit, den Expressionismus und den Dadaismus sowie auf Kunst aus Ostberlin.

KANTINE? KANTINE!

5 Sale e Tabacchi

141

BERLINER LUFT AM KREUZBERGER LIDO

6 Paul-Lincke-Ufer

- Schuhtanten, Nr. 44
- Café am Ufer, Nr. 42

An diesem Ufer des lauschigen Kanals, der zugleich die Grenze zum Bezirk Neukölln ist, hat sich eine kleine Enklave aus netten Boutiquen und Cafés begründet. Die beiden »Schuhtanten« sind Kerstin Angela Sowada und Michaela Fischer. Sie eröffneten 2000 ihren Shop für Damen- und Herrenschuhe aus Italien – kombiniert mit einer originell-schrulligen Auswahl an Kopfbedeckungen und Kleidern: Stücke des dänischen Kult-Designers NOA NOA, Hüte vom Berliner Label König Walter (s. S. 24) sowie Röcke und Kleider aus dem eigenen Atelier. In mehreren Cafés mit Blick aufs Wasser kann man den ganzen Tag frühstücken, besonders gemütlich sitzt man im Café am Ufer. Der sehenswerte, farbenfrohe türkische Wochenmarkt, der dienstags und freitags am gegenüberliegenden Maybachufer stattfindet, ist nur einen kurzen Spaziergang entfernt.

WILLKOMMEN AN BORD

7 Iskele

Gegenüber Planufer 82

Die 1904 gebaute Iskele ist, so erzählt Besitzer Mustafa Yilmaz, das älteste Schiffsrestaurant Europas. Seit einem Vierteljahrhundert liegt das Schiff, dessen türkischer Name »kleiner Hafen« bedeutet, an dieser Anlegestelle vertäut, und Yilmaz ist stolz darauf, dass er es zu einem echten Familienbetrieb gemacht hat. Yilmaz selbst ist Fachmann für Gastronomie und Management, das Kochen aber hat er seiner Großmutter und seiner Mutter abgeschaut. Mutter Yilmaz arbeitet zusammen mit Mustafas Frau, seiner Schwester und dem Schwager in der Küche mit. Mustafas Onkel geht jeden Freitag in aller Frühe in Izmir an der türkischen Westküste auf den Markt, um Fisch zu kaufen; der kommt dann am nächsten Tag an Bord der Iskele frisch auf den Tisch. Yilmaz kocht »Ägäis pur«: Sein Hechtfilet mit Kräutern, gebratenen Zwiebeln, Pinienkernen, Tomaten und roten Paprika ist die Spezialität des Hauses. 25 kalte und 15 warme Vorspeisen machen die Wahl zur genüsslichen Qual. Abends gibt es an Deck häufig türkische, griechische oder russische Livemusik – es darf getanzt werden.

SCHLEMMEN IM ÜBERFLUSS

8 Café Morgenland

Skalitzer Straße 35

Die Augen sind oft größer als der Magen. Selten wird dieses Sprichwort so wahr wie vor einem Frühstücksbüfett – und das im Morgenland ist ein riesiger Berg an köstlichen Leckereien. Das Frühstück, die Lieblingsmahlzeit der Berliner, wird hier als eine nicht enden wollende Orgie zum Festpreis den ganzen Tag lang aufgefüllt: deutsche und französische Käsesorten, italienische und spanische Würstchen und Aufschnittsorten, Couscous, Antipasti, Crêpes, Gürkchen, Eier in allen Variationen, Quark, Müsli, Pasta, Gratins, hausgemachte Marmeladen, Konfitüren, Honig und frisches Obst.

ERLEBNISGASTRONOMIE

9 Abendmahl

Muskauer Straße 9

Einrichtung und Atmosphäre in Udo Einenkels Lokal sind ein Feuerwerk an schrillem Kitsch: leidenschaftlich, grell und extravagant. Das ungewöhnliche Restaurant für Vegetarier und Fischfreunde hebt sich auch beim Essen durch die fantasievollen Namen, die der Inhaber und Chefkoch Einenkel seinen Kreationen gibt, vom Gewohnten ab. »Flammendes Inferno« heißt ein thailändisches Fischcurry, hinter der »Affäre Emma Peel« verbirgt sich ein Mascarpone mit Melonenmousse. Essen mit schwarzem Humor: »Himmlischer Selbstmord« ist ein essbarer Schneemann und »Kalter Krieg« ein Eiscreme-Iglu. Regelmäßig finden auch Events statt, z. B. das »Krimi-Menü«, eine Hommage an Alfred Hitchcock, deren betörender Abschluss das Dessert »Death by chocolate« ist – Schokoladeneiscreme im Schokoladenmantel, gefüllt mit Orangen-Kumquat-Rumtopf an Mandelkrokant.

MEDITERRANE KÖSTLICHKEITEN

10 Knofi

Bergmannstraße 98

Der Inbegriff eines Delikatessengeschäfts. Berlin ist die fünftgrößte türkische Stadt der Welt, und besonders viele türkische Landsleute haben sich in Kreuzberg niedergelassen. Während der türkische Markt am Maybachufer nur dienstags und freitags orientalische Köstlichkeiten anbietet, ist das Knofi täglich geöffnet. Idee und Konzept von Inhaberin Senay Celik haben sich als so erfolgreich erwiesen, dass es Knofi jetzt dreimal in Kreuzberg gibt. Dieses 1986 eröffnete Geschäft war das erste, und es setzt auf die Ästhetik von Lebensmitteln: Auberginen, rote und orange Paprika und dicke, runde Peperoniwürste baumeln in Bündeln an Schnüren von der Decke und verströmen ein appetitliches Aroma, das jedem das Wasser im Mund zusammenlaufen lässt. Bohnenpürees, Hummus, Zaziki, frische Pastasorten und Knofis Spezialität des Hauses, eine Artischockenpaste, werden täglich frisch zubereitet.

MEISTERBÜHNE

11 Hebbel-Theater

Stresemannstraße 29

Dieses Theater war die erste Auftragsarbeit für Oskar Kaufmann. Allein in Berlin entwarf er sechs Theater (darunter 1914 die Volksbühne, s. S. 156, und das Theater am Ku'damm 1921). 1933, als die NSDAP an die Macht kam, floh er und baute in Tel Aviv das berühmte Theater Habima. Die Geschichte des Hebbel-Theaters begann 1903, als der Begründer der Bühne dem noch unerfahrenen Kaufmann eine erste Chance gab. Kaufmann dankte es ihm mit einem prachtvollen mahagonigetäfelten Jugendstil-Zuschauerraum, der mit einer Aufführung von Friedrich Hebbels *Maria Magdalene* eingeweiht wurde. Das Theater existiert, Konkursen und wechselnden Eigentümern zum Trotz, noch heute. 2003 wurde es unter der künstlerischen Leitung von Matthias Lilienthal als »Hebbel am Ufer« wieder geboren und zeigt nun auf drei Bühnen innovative Produktionen, Gastspiele und Tanzprojekte.

AUGENWEIDEN

12 Aquamarin

Bergmannstraße 20

Lucie Schnurrers Schmuckgeschäft ist fast schon eine kleine Galerie. Sie stellt Schmuck von über zwanzig Designern aus und nutzt die Wände des Raumes für zusätzliche kleine Werkschauen. Ihre Künstler stammen im Allgemeinen aus Deutschland, auch ein paar Schweizer sind vertreten. »Aber alle sind ungewöhnlich!«, betont Schnurrer. Sie verkauft Stücke von Ute Dippel, die mit Email zarte Blumen auf Metall zaubert, gläsernen Schmuck von Andrea Borst oder Ulrike Rehs Silberringe aus der Reihe *Pebbles*. Monica Jacubec hatte die Idee, eine Acrylhülse zu entwerfen, die man über ihre Silberringe schieben kann. So kann die Trägerin den Ring mit einer Blume oder einem Foto individuell verändern. Egal ob eine der hier ausgestellten Arbeiten aus Wolle, Holz oder Perlmutt entsteht: Jedes Stück ist ein Unikat und Ausdruck einer schöpferischen Leistung.

HAUSBERG

13 Viktoriapark

Zwischen Kreuzbergstraße, Methfesselstraße und Katzbachstraße

Der Bezirk Kreuzberg hat seinen Namen von dem Kreuz auf der Spitze eines steilen, 66 Meter hohen Hügels im Viktoriapark. Das Eiserne Kreuz, gestiftet von Friedrich Wilhelm III., bekrönt das 20 Meter hohe Nationaldenkmal. Karl Friedrich Schinkel entwarf es 1821 zum Gedenken an die deutschen Siege in den napoleonischen Kriegen, und in der ganzen Nachbarschaft wurden Straßen nach Generälen und Schlachten benannt. Dank der alten, knorrigen Bäume und des hübschen Wasserfalls, der sich vom Denkmal bis auf Höhe der Straße ergießt, hat der Hügel etwas Wildes und Romantisches. Der Blick vom Gipfel über die Stadt ist spektakulär, eine Tatsache, die den Kreuzberg in der Silvesternacht zu einem der beliebtesten Treffpunkte in Berlin macht.

ABTAUCHEN MIT MUSIK

14 Liquidrom im Tempodrom

Möckernstraße 10

Die Idee und Fantasie von Irene Moessinger ist längst eine deutsche Institution. Bis 1995 stand ihre Bühne für Kultur- und Musikveranstaltungen aller Art dort, wo heute der Kanzler sein Büro hat – in einem grün-gelben Zirkuszelt. 1995 schufen Gerkan, Marg und Partner auf dem Gelände des ehemaligen Anhalter Bahnhofs den Nachfolgebau, der die Zirkuszelt-Idee mit seinem kühn geschwungenen Stahlbeton-Faltdach wieder aufgreift. Innen treten auf zwei Bühnen nationale und internationale Größen aller Kunst- und Stilrichtungen auf. Neu hinzugekommen ist das Liquidrom, ein raumschiffartig anmutender Raum mit warmem Salzwasserbecken, Saunen und Dampfbädern sowie Entspannungsbereichen. Allerdings ist dies kein gewöhnliches Wellnesscenter: Das Liquidrom ist mit Klang erfüllt – die Badegäste tauchen in eine Art Höraquarium ein, das Micky Remann kreiert hat, ein Spezialist für die Entwicklung »flüssiger Klänge«. Er stellte ein Programm aus Unterwassermusik und Lichtinstallationen zusammen, das freitags eine Klassiknacht bietet und samstags der eklektischen Fantasie von DJs vorbehalten bleibt. Das Bad ist täglich von 10 Uhr morgens bis 10 Uhr abends geöffnet, an Freitagen und Samstagen bis Mitternacht. Atmosphäre und Klientel wechseln je nach Tages- und Nachtzeit. Es gibt viele wohltuende Massagen und Anwendungen, und bei Vollmond, wenn das Liquidrom sogar bis zwei Uhr morgens geöffnet bleibt, ergänzen Livekonzerte dieses Erlebnis der ganz besonderen Art.

KREUZBERG GOES ORIENT

15 Rote Harfe/Orient Lounge

153

STRASSENGARTEN

16 Kafka

Oranienstraße 204

Das Kafka liegt auf Kreuzbergs multikultureller Ausgeh- und Shoppingmeile. Der Besitzer Belgin Güngör greift mit seiner internationalen Küche die Themen Essen und Lebensgefühl auf seine Weise auf. Lamm, Fisch, Rind und vegetarische Gerichte spiegeln seine persönlichen kulinarischen Wurzeln und kombinieren sie mit dem, wonach die Kundschaft aus der Nachbarschaft verlangt. Eine Besonderheit ist der reizvolle kleine Biergarten mit Ausblick auf die belebte Straßenecke, hier trifft man sich im Sommer gern zum Sonntagsbrunch. Das Kafka ist ein beliebter Ausgangspunkt für die langen Kreuzberger Nächte, für die sich auf der Oranienstraße alle paar Schritte reizvolle Anlaufpunkte finden.

KÄPT'N AHOI!

17 Bateau Ivre

Oranienstraße 18

Dieses nach einem Gedicht von Arthur Rimbaud benannte Café gilt seit jeher als Biotop für Intellektuelle, Denker und Schriftsteller. Das »betrunkene Schiff« lockt nach wie vor erfolgreich Horden hungriger Bohemiens an. Farbige Lampions tanzen an quer durch den Speisesaal gespannten Seilen, Holzböden und Naturfarben an den Wänden schaffen ein eher nüchternes Ambiente für manchmal ziemlich abgehobene Diskussionen. Die Küche bietet wechselnde Tagesgerichte, Suppen und Eintöpfe gehören zu den Standards, viele der Speisen sind marokkanisch inspiriert. Ruhige Musik, ein entspannter Service und die Ausblicke aus den zwei Eckfenstern machen das Bateau Ivre für so manchen Nachbarn zum »zweiten Wohnzimmer«.

FRAUEN UNTER SICH

18 Hammam in der Schokoladenfabrik

Mariannenstraße 6

Die Schokoladenfabrik, ein Zentrum von Frauen für Frauen, bietet in ihrem Souterrain eine Oase der Ruhe und Selbstbesinnung. Im Hammam nimmt man sich – ganz wie im Orient – viel Zeit für Körperpflege und Klatsch. Das wunderschön gekachelte Dampfbad ist von oben beleuchtet. Hier mischen die Besucherinnen Wasser in Marmorbecken, bis es die individuell gewünschte Temperatur hat. Mit diesem Wasser begießt man sich wieder und wieder, ehe man sich in der Raummitte auf dem *göbek tasi* (einer beheizten, erhöhten Plattform) lagert. Krönender Abschluss ist ein Besuch in der mit Teppichen ausgelegten Teestube.

FLAUSCHIG BUNT

19 Fadeninsel

Oranienstraße 23

Marita Tenberg freut sich über die internationale Renaissance der Strickkunst, denn ihr Laden zollt dem Handwerk mit Knäueln jedweder Farbschattierung Tribut. Traditionelle Garne, Kaschmir, Mohair, Angora und reine Wolle wetteifern mit Mikrofasern, Baumwolle, Seide, Viskose – den neuen, angesagten Hightech-Stars der Strickwelt. Tenberg und ihre Kolleginnen stricken natürlich auch selbst: Ihre Handschuhe, Pantoffeln, Ringelpullis, Hüte und Pullover sind im Laden zu haben. Die allzeit beliebten Pulswärmer, in den frostigen Berliner Wintern eher eine Notwendigkeit als ein modisches Statement, werden aus Filzwolle gefertigt. Tenberg erfüllt jeden Kundenwunsch, vorausgesetzt, die Zeit reicht und der Preis stimmt. Wer aber lieber selbst zur Stricknadel greift, findet bei ihr auch eine überwältigende Auswahl an Strickmustern.

FABRIK FÜR IDEEN

20 Die Imaginäre Manufaktur (DIM)

173

BUNT, COOL, TRENDY

21 Lucid 21

Mariannenstraße 50

Der italienische Designer Luis Gunsch und die österreichische Künstlerin Sylvia Kranawetvogl arbeiten seit dem Sommer 2002 unter dem Label Lucid 21 gemeinsam als Modeschöpfer. »Unsere Kleider sind farbenfroh und süß, aber mit ein bisschen Pop und Kunst. Wir mögen minimalistisch einfache Schnitte.« Ihre beschwingte Einstellung drückt sich auch in den Drucken aus, die auf vielen ihrer Stücke auftauchen. Die Boutique in Blassrosa und Beige ist winzig, und Kranawetvogl und Gunsch geben zu, dass sie im weniger wohlhabenden Kreuzberg geographisch im Abseits der Berliner Modeszene liegen. Aber immerhin: Sie stellen Unikate her, selbst entworfen und gefertigt – treffsichere Kommentare zum Streetstyle, der das trendige junge Berlin bewegt. »Große Namen inspirieren uns nicht besonders, wir würden es vorziehen, die ›kleinen Helden‹ für andere junge Designer zu sein, die versuchen, es aus eigener Kraft zu schaffen.«

IVG

FREI
SCHWI

PLÜSCHPARADIES MIT FLUCHTWEG

22 Würgeengel/Gorgonzola Club

151

HASTA MAÑANA

23 Morena

Wiener Straße 60

Der spanische Name der Bar verrät ihre mediterrane Einstellung zum Vergnügen. Dem Morena – einem Klassiker unter den Kreuzberger Szenetreffs – verleihen warmes Holz und ein Mosaik aus spanischen Kacheln südliches Flair. Zur Mittagszeit geht es lebhaft zu, dann treffen sich die Unentwegten aus der Nachbarschaft zum Reden und Rotweintrinken. Abends verwandelt sich das Morena in eine coole Bar, in der es sich die Musiker, Künstler und ehemaligen Hausbesetzer der örtlichen Szene bei Cocktails und Wein gut gehen lassen. Im Sommer kann man draußen sitzen. Die Karte ist klein – neben verschiedenen Frühstücksvarianten bietet sie kleine Snacks, Tapas sowie den Stammgäste-Favoriten Lammburger mit Pommes.

MIT SPREEBLICK

24 Cream & Watergate

144

NACHTS AUF DEM PIER

25 Freischwimmer

Vor dem Schlesischen Tor 2a

Seit 1932 liehen sich an dem alten Bootssteg am Flutgraben Ruderer und Sonntagsausflügler Boote für Sport und Spaß auf dem Wasser aus. Zu DDR-Zeiten lag der Steg genau auf dem Grenzgebiet zwischen Kreuzberg und Treptow – streng bewacht von den allgegenwärtigen Augen der Grenzpolizisten. Heute erstrecken sich am Ostufer Schrebergartenkolonien, wo sich Stadtbewohner auf Natursuche am Blick übers Wasser erfreuen. Der Pier mit seinen diversen Aufbauten hat sich in ein Restaurant mit Biergarten verwandelt, das für alle Gemütslagen etwas zu bieten hat: Frühstück, asiatische und orientalische Snacks. Ein wunderbarer Platz in einer lauen Sommernacht.

GRENZÜBERSCHREITEND

26 Oberbaumbrücke East Side Gallery

Mühlenstraße

Die imposante neugotische Spreebrücke verbindet die beiden lange getrennten, doch jetzt auch verwaltungstechnisch vereinten Stadtteile Kreuzberg und Friedrichshain. Der Architekt Otto Stahn errichtete sie 1892 nach dem Vorbild eines befestigten Stadttors und schmückte sie mit Kreuzgewölben, Wappen und zwei 34 Meter hohen Türmen. Die Oberbaumbrücke ist zugleich der Endpunkt der East Side Gallery, der längsten Galerie der Welt unter freiem Himmel. Als die Mauer 1989 fiel, bemalten 118 Künstler aus 21 Nationen den 1316 Meter langen Mauerabschnitt zwischen Ostbahnhof und Oberbaumbrücke. 1990 wurde er als East Side Gallery der Öffentlichkeit übergeben. Zu den zahlreichen Bildern an der Mauer, die immer wieder restauriert werden, gehören u. a. Gerhard Lahrs *Berlin – New York,* Dmitri Vrubels *Bruderkuss* und *Vaterland* von Günther Schäfer.

FLAIR AM FLUSS

27 Q3A & Club 12/34

154

AUFMARSCHALLEE UND LANDEBAHN

28 Karl-Marx-Allee

Alexanderplatz bis Frankfurter Tor

Kommunistische Monumentalarchitektur auf ihrem Höhepunkt: eine fast 90 Meter breite Prozessionsstraße – im Ernstfall als Landebahn zu nutzen –, die sich vom Alexanderplatz, so weit das Auge reicht, nach Südosten erstreckt, flankiert von einer scheinbar endlosen Reihe weißer Mietshäuser (von den Berlinern gern »Hochzeitskuchen« genannt). Dies war der sowjetische Traum, und bis 1961 hieß die Prachtstraße zu Ehren des Führers jener Epoche, die das Projekt hervorbrachte, Stalinallee. In den Prachtbauten wohnten die wichtigsten Parteimitglieder der ostdeutschen Hauptstadt. An dem ehrgeizigen Bauvorhaben arbeiteten fünf Architekten, von denen Hermann Henselmann heute noch am besten in Erinnerung ist. Am 17. Juni 1953 war die Allee Schauplatz des Arbeiteraufstands, der von der Volkspolizei und von russischen Panzern blutig niedergewalzt wurde. Ab dem Strausberger Platz erinnern heute 39 Stationen entlang der Straße in Form eines historischen, architektonischen und geographischen Spaziergangs an die Ereignisse der Zeit.

TRESENHOCKER

29 CSA

155

TALENT TO GO

30 Berlinomat

167

NA SDAROWJE

31 Anastasia

Samariterstraße 13

Der Name lässt es ahnen: Das Anastasia ist ein russisches Restaurant, gelegen an einer sonnigen Straßenecke. Was die meisten nicht wissen: Der Inhaber ist ein junger Türke, Ayhan Celik, dessen einzige Verbindung zu Russland die Tatsache ist, dass seine Eltern aus der Nähe von Erzincan stammen, das nicht allzu weit von der ehemaligen sowjetischen Grenze entfernt liegt. Ostberliner sind mit Speisen wie Borschtsch, Pelmeni (russische Teigtaschen mit Fleischfüllung), Wareniki (die vegetarische Variante) und Soljanka (eine köstliche, deftige Tomatensuppe mit viel »Einlage«) vertraut, Neulinge in Sachen russischer Küche probieren begeistert Blinis als pikantes Hauptgericht (z. B. mit Kaviar) oder als leckeres Dessert (mit Joghurt oder Kompott). Hinterher kann man aus einer der sieben Sorten »Wässerchen« (Wodka) wählen.

ANGESAGTER ITALIENER

32 Brot und Rosen

139

WIENER MODERNE

33 Café Schoenbrunn

Am Schwanenteich, im Volkspark Friedrichshain 8

Bei der Wahl des Namens für ihr Pavillonrestaurant ließen sich die Inhaber Hille Saw und Matthias Petsche von der Kaffeehauskultur Wiens inspirieren und benannten ihr malerisch gelegenes Lokal nach dem berühmtesten Schloss der Donaumetropole – allerdings zeitgemäß schick mit aufgelöstem Umlaut. Für das hippe Interieur des 2000 eröffneten Cafés zeichnet die Architektin Niki Winkelmayer verantwortlich, aber erst der DDR-Pavillon aus den 1960er-Jahren mit seinen Fensterfronten mitten in der grünen Landschaft des Volksparks macht das Schoenbrunn zu etwas Besonderem. Die Speisekarte setzt auf Traditionelles: Das Wiener Schnitzel mit Kartoffelsalat und Gurken als Beilage ist ein Dauerbrenner. Dazu gibt's einen wunderbaren Blick auf den Schwanenteich. Ein perfekter Platz für die Rast nach einem Spaziergang durch den schönen Volkspark mit seinem neobarocken Märchenbrunnen (1913) und den beiden Trümmerbergen Großer (78 m) und Kleiner (48 m) Bunkerberg – Ersterer ist in Berlin besser als »Mont Klamott« bekannt.

Schöneberg
Tiergarten

1 Kilometer
TURMSTRASSE
Alt-Moabit
Invalidenstraße
Spree
BELLEVUE
HANSAPLATZ
Haus der Kulturen der Welt
Englischer Garten
Schlosspark Bellevue
Kurfürstenplatz
Siegessäule
Straße des 17. Juni
Ernst-Reuter-Platz
TIERGARTEN
Rosengarten
Neuer See
Zoologischer Garten
ZOOLOGISCHER GARTEN
CHARLOTTENBURG
Kantstraße
Budapester Straße
KURFÜRSTENDAMM
Lützowplatz
Magdeburger Platz
Reichpietschufer
Schöneberger Ufer
WITTENBERGPLATZ
AUGSBURGER STRASSE
Lietzenburger Straße
KURFÜRSTENSTRASSE
NOLLENDORFPLATZ
GLEISDREIECK
VIKTORIA-LUISE-PLATZ
SPICHERNSTRASSE
BÜLOWSTRASSE
Potsdamer Straße
Hohenstaufenstraße
Pallasstraße
YORCKSTRASSE
Yorckstraße
Heinrich-von-Kleist-Park
KLEISTPARK
GÜNTZELSTRASSE
BAYERISCHER PLATZ
Grunewaldstraße
EISENACHER STRASSE
BERLINER STRASSE
Berliner Straße
Wartburg Platz
SCHÖNEBERG
Badensche Straße
H.-Lassen-Park
Hauptstraße
Viktoriapark
Kolonnenstraße
Dudenstraße
RATHAUS SCHÖNEBERG
Dominicusstraße
Martin-Luther-Straße

Der Bezirk Tiergarten verdankt seinen Namen dem angrenzenden königlichen Jagdrevier, das mit Berlins Metamorphose zur Spreemetropole Anfang des 19. Jahrhunderts in einen Park umgewandelt wurde (s. S. 84). Wohlhabende Berliner ließen sich bevorzugt an seiner Südseite nieder. In viele ihrer eleganten Villen zogen später Botschaften ein, im Zuge des Regierungsumzugs von Bonn nach Berlin entstanden aber auch etliche zukunftsweisende Neubauten, sowohl im Regierungsviertel im Nordosten des Tiergartens als auch im Botschaftsviertel an seinem südwestlichen Rand (s. S. 78). Die Vielfalt des Viertels spiegelt sich im stattlichen Aufgebot an Bauwerken unterschiedlicher Stilepochen am Landwehrkanal.

Die Potsdamer Straße verbindet Tiergarten mit Schöneberg, einem typischen Berliner Kiez mit vielen Gesichtern. Es erschließt sich wohl am anschaulichsten im reizvollen Treiben auf seinen Plätzen und Straßen zwischen Nollendorf- und Winterfeldtplatz. Im Sommer bilden bunte Wochenmärkte die Kulisse für die alternative Lebenskultur im Quartier. Schlendern Sie über die beiden Plätze und durch die Goltzstraße hinunter zur Akazienstraße. Biegen Sie von den Hauptstraßen ab, entdecken Sie den entspannten Viktoria-Luise-Platz und die hübschen Cafés, Restaurants, Boutiquen und Geschäfte. Rund um Motzstraße, Goltzstraße und Kleistpark hat sich Berlins Schwulen- und Lesbenszene etabliert; es wimmelt von Bars und Cafés, frequentiert von Gästen beiderlei Geschlechts und jedweder Neigung – ein Vermächtnis der wilden Zwanziger, das in Ehren gehalten wird.

Obwohl man auch in Schöneberg viele Beispiele moderner Architektur findet, wird es doch weitgehend von schönen Altbauten aus dem 19. Jahrhundert geprägt. Gedenktafeln würdigen Künstler, Politiker und Schauspieler, die hier lebten und wirkten. Walter Benjamin wohnte im Viertel, die Comedian Harmonists kamen in einem Haus in der Stubenrauchstraße erstmals zusammen, Marlene Dietrich wurde in der Leberstraße 65 geboren. Noch immer ist Schöneberg der Kiez der Künstler und Kreativen, doch durch die Treffs und Plätze der etwas in die Jahre gekommenen Boheme weht heute ein frischer multikultureller Wind.

WASSERWELT

1 Aquarium

Budapester Straße 32

Willkommen in einer Wunderwelt aus stillem Blau. Gespenstische Lichter leuchten aus Wassertanks und werfen tanzende Flecken auf Steinböden. Berlins Aquarium auf dem Gelände von Deutschlands erstem Tierpark, dem 1844 eröffneten und von Martin Lichtenstein, Alexander von Humboldt und Peter Joseph Lenné entworfenen Zoologischen Garten, ist ein Erlebnis für die Sinne. Das eigentliche Aquarium entstand 1911–1913 auf Initiative des berühmten Zoologen Alfred Brehm und wurde 2002 generalüberholt. Es beherbergt heute über 500 Arten von ozeanischen Lebensformen, Fischen, Reptilien und Insekten. In den größeren Wasserbecken im Erdgeschoss bezaubert die exotische Schönheit von Schwärmen rosafarbener, blauer und durchsichtiger Quallen. Die Etage darüber ist das tropisch-schwüle Domizil träger Krokodile und Alligatoren.

KÖSTLICHE AUSSICHT

2 Hugos

136

GANZ DIPLOMATISCH

3 Botschaftsviertel

Tiergartenstraße und Umgebung

Als die deutsche Regierung nach Berlin umzog, folgten ihr die diplomatischen Vertretungen in die alte neue Hauptstadt. Viele Nationen nutzten die Gelegenheit und schrieben große internationale Architekturwettbewerbe aus, um in Berlin repräsentative Zeichen zu setzen. Während die Vertretungen von Frankreich, Russland und Großbritannien in der Nähe des Brandenburger Tors residieren, haben etliche ihrer diplomatischen Kollegen am Südrand des Tiergartens in und um die Tiergartenstraße Quartier bezogen. Die nordischen Länder schlossen sich in der für ihre harmonische Architektur gerühmten großen Botschaftsanlage am Klingelhöfer-Dreieck zusammen. Die mexikanische Botschaft nebenan überrascht mit ihrer hypermodernen Lamellenfassade, Indien präsentiert sich kubistisch, Italien restaurierte seine im Krieg zerstörte Botschaft aus dem Jahr 1939 mit modernen Elementen, Österreich ließ von dem Architekten Hans Hollein ein großzügiges, Aufsehen erregendes Gebäude entwerfen. Rund um die Tiergartenstraße befinden sich auch die baulich interessanten Landesvertretungen von Brandenburg, Mecklenburg-Vorpommern, Hessen, Niedersachsen und dem Saarland.

JAHRHUNDERTWENDEJUWEL

4 Viktoria-Luise-Platz

Motzstraße/Winterfeldtstraße

Der nach der Tochter des deutschen Kaisers Wilhelm II. benannte Platz ist einer der wenigen alten Berliner Plätze, die von den Bomben des Krieges verschont blieben. Seine klassischen Linien (1896) sind das Werk von Fritz Encke, einem der führenden deutschen Landschaftsarchitekten. Rund um den Platz drängen sich Restaurants, Cafés und Geschäfte. Die Westseite des Platzes mit ihren hohen Bäumen, altmodischen Laternen und einem Brunnen wurde kürzlich in eine Fußgängerzone umgewandelt – ein wunderbares Zugeständnis an das Vermächtnis einer vergangenen und doch lebendig gebliebenen Epoche.

QUER DURCH ASIEN

5 Shima

Schwäbische Straße 5

Als Ernesto Kuoni das Shima 1998 eröffnete, hatte man in Berlin noch kaum etwas von panasiatischer Küche gehört. »Ich hatte die ganze Welt bereist«, erklärt Kuoni, »und wollte etwas kreieren, das alles miteinander verbindet.« Kuoni stammt aus der Schweiz und verfügt über keine spezielle Ausbildung in der asiatischen Küche. »Ich nehme Elemente der indischen, vietnamesischen und thailändischen Küche und interpretiere sie in europäischem Stil mit einer guten Prise Fantasie.« Die Ergebnisse dieser Fusion sind ein ganz besonderer Gaumenkitzel: Die Vorspeise *Sense of Shima* entpuppt sich als Kuchi-Platte mit Spießen von Tandoori-Rinderfilet, Tapioka-Pancakes sowie Riesengarnelen auf Zitronengras. Currys, Pangasiusfisch in Sesam-Erdnusskruste und das laotische Nationalgericht Lad Nam stehen in friedlicher kulinarischer Koexistenz auf der Karte. Nach dem Essen kann man zu einem Cocktail in die Lounge hinüberwechseln, die wie das Restaurant in angenehmem asiatischem Understatement designt ist.

C'EST BON, C'EST BON

6 Storch

134

BIER-OASE

7 Felsenkeller

146

KAKAO-KÖNIGIN

8 Chocolaterie Estrellas

170

AQUA

EINFACH GUT

9 Gottlob

Akazienstraße 17

Das Café-Restaurant Gottlob tritt im Schatten der imposanten Apostel-Paulus-Kirche (1894) den Beweis an, wie köstlich biologisch-dynamische Küche schmecken kann. Mit viel Liebe zum Detail haben Jörg Grundmann und Dirk Thürnagel ein behaglich-altmodisches Jahrhundertwende-Ambiente geschaffen: Sie installierten gläserne Wandlampen und tief hängende Leuchten aus einem alten Berliner Hotel, bemalten die Simse in Rot und Gold, legten den Boden mit Schieferplatten aus und bauten in die Bar ein Kuchen-Schaufenster im Art-déco-Stil ein. Sobald es warm wird, füllt sich der Garten hinter dem eleganten schmiedeeisernen Geländer mit einem entspannten Publikum, das hier frühstückt oder sich die mediterran geprägten Gerichte schmecken lässt.

GESCHMACK DES SÜDENS

10 Südwind

Akazienstraße 7

Es waren ihre häufigen Reisen in die Toskana, die Mike und Astrid Peacock auf die Idee brachten, ihre Lieblingsleckerbissen nach Berlin zu bringen. Der Duft erlesener Spezialitäten strömt dem Besucher entgegen, sobald er durch die Tür tritt. In einer großen Vitrine türmen sich alle erdenklichen Sorten luftgetrockneter Schinken und Würste. »Wir sind stolz darauf, auch Wurstwaren aus ökologischer Herstellung von der Insel Rügen oder Ziegenkäse von der Ostseeküste anzubieten«, sagt Astrid Peacock. »Wir wollen nicht nur Produkte aus der Mittelmeerregion verkaufen, sondern alles, was gut ist. Wir sind immer auf der Suche nach Erzeugnissen kleinerer Hersteller.« Wer nicht selbst kochen mag, probiert die Verlockungen des Südwind im Café Sur nebenan: Das Schwesterlokal bietet leckere Nudelgerichte oder Vorspeisen aus den feinen Zutaten gleich an Ort und Stelle zum Verzehr an.

KINDERFREUNDLICH

11 April

Winterfeldtstraße 56

Andreas Strohschein gehört dieses entzückende Restaurant mitsamt der benachbarten Weinhandlung Vinum. Dass in den Augen des Österreichers Essengehen ein Vergnügen für die ganze Familie sein sollte, verrät das eigens für die Kleinen eingerichtete Spielzimmer neben dem Hauptspeisesaal. Im Saal präsentiert Strohschein kenntnisreich seine feinen Weine und verleiht damit dem Raum ein wenig Bistro-Atmosphäre. Im vorderen Zimmer, wo die Bar und ein Kuchenbüfett locken, geht es lebhaft und locker zu. Auf der wöchentlich wechselnden Karte findet sich stets eine gute Auswahl an Pizza und Pasta, und die Frühstücksliste ist so lang wie jedes einzelne Frühstück üppig. Das monatliche Spezial-Frühstück kann recht extravagant ausfallen, wie das asiatische Frühstücksmenü beweist: Tofu in Soja-Austern-Sauce mit Wasabi-Sahne-Dip und süßen Chilischoten, dazu ein erfrischendes Mango-Lassi.

FORM UND FARBE

12 Herz + Stöhr

Winterfeldtstraße 52

Sabine Herz und Anja Stöhr tauchten 1995 erstmals auf dem Radar der Berliner Modeszene auf. Schnell schafften sie es, sich mit ihrer frech-femininen Linie zu etablieren und Prominenz wie Veronica Ferres, Daniela Lunkewitz oder Katharina Witt von ihren unkonventionellen Ideen zu überzeugen. 1997 eröffneten die beiden die erste Boutique zu ihrem Label. In dem Laden mit angeschlossenem Atelier werden Einzelstücke direkt vor Ort abgeändert und überarbeitet. »Wir loten mit unserer Mode die Möglichkeiten von Farbe und Form aus«, erklärt Stöhr, »und das findet seinen Ausdruck in sexy-femininen Formen.« Farbenfrohe, universell einsetzbare Hemdkleider aus ausgefallenen Stoffen sind das Markenzeichen der beiden Designerinnen: Der legere Schnitt ist tageslichttauglich, und die edlen Materialien sorgen für einen glanzvollen Auftritt am Abend.

Meyers
Konversations-Lexikon
Meyers
Konversations-Lexikon
15
Meyers
Konversations-Lexikon
17
Meyers
Konversations-Lexikon
18

DIE BAR SCHLECHTHIN

13 Green Door

148

SZENETREFF WOCHENMARKT

14 Winterfeldtmarkt

Winterfeldtplatz

Der Winterfeldtmarkt ist einer der turbulentesten und buntesten Wochenmärkte Berlins. Jeder, der etwas auf sich hält, packt hier frische Ware in die Einkaufskörbe und Baumwollbeutel: Politiker, Promis, Familien mit Kind und Kegel, Altachtundsechziger und Studenten. Da gibt es Obst und Gemüse direkt von Erzeugern aus dem Umland, hier verlocken Oliven mit Knoblauch, mit Sardellen oder naturbelassen, dort bietet ein Bäcker seine Laibe feil. Auch die farbenfrohen Blumenstände sind einen Besuch wert. Vor der Marktschließung am späten Nachmittag purzeln die Preise mit ein wenig Feilschen schon mal um bis zu 80 Prozent. Da der Markt nicht nur eine Versorgungseinrichtung, sondern durchaus auch ein Jahrmarkt der Eitelkeiten und ein sehr beliebter Treffpunkt ist, geht es in den Cafés rund um den Markt hoch her – besonders bei schönem Wetter, wenn der Sehen-und-Gesehenwerden-Faktor proportional zu den Temperaturen ansteigt.

CAFÉKLASSIKER

15 Café Einstein

Kurfürstenstraße 58

Das stattliche Gebäude an einer ruhigen, von Bäumen gesäumten Straße, in dem heute das Café Einstein zu Hause ist, hat eine bewegte Geschichte hinter sich. In dem 1876 errichteten Wohnhaus lebte Stummfilmstar Henny Porten, der die Nazis nach ihrer Hochzeit mit einem Juden Berufsverbot erteilten. In den Goldenen Zwanzigern gab sich *tout Berlin* in den Salons hinter der Bibliothek in einem Kasino dem illegalen Glücksspiel hin. Das Gebäude überlebte als einziges in der Straße die Bomben der Alliierten. Die Erben des Café Einstein am Boulevard Unter den Linden erwarben das Haus und eröffneten 1978 dieses Café, das sich heute im Besitz von Elisabeth Andraschko und ihrem Mann befindet. Im Sommer hat man die Qual der Wahl: Im wunderbaren Kaffeehaus-Ambiente sitzt es sich genauso schön wie im herrlichen Garten mit Oleander und Palmen. Es wäre zwar schade, das Hauptgericht auszulassen – die österreichische Küche ist vom Feinsten –, aber das ist vielleicht die einzige Möglichkeit, eine angemessene Auswahl der köstlichen Kuchen, Torten und süßen Klassiker probieren zu können. Übrigens: Der Kaffee im Einstein ist legendär gut.

ALLE FÜR EINEN, EINER FÜR ALLE

16 Kumpelnest 3000

152

KULTIVIERTE VERFÜHRUNG

17 Victoria Bar

Potsdamer Straße 102

Für den gepflegten Cocktailgenuss ist die Umgebung vielleicht ein wenig exzentrisch, immerhin haftet der Potsdamer Straße seit den 1920er-Jahren, zahlreichen stadtplanerischen Veredelungsversuchen zum Trotz, doch eher das Flair von Flaschenbier an. Aber Stefan Weber, Kerstin Ehmer und Beate Hindermann erkannten die Möglichkeiten, die hinter der unauffälligen Fassade schlummerten. Wer die Bar besuchen will, sollte wissen, dass nicht jeder, nur weil er herfindet, auch Einlass findet – auf ein gepflegtes Outfit wird durchaus Wert gelegt. Gleich nach der Eröffnung 2001 wurde das edel durchgestylte Interieur der Victoria Bar ausgezeichnet: Sixties-Ledergarnituren, eine lang gestreckte Bar, viel Nussbaum und Eiche, Bilder des Popkünstlers Thomas Hauser an den Wänden. Der Lounge-Bar im Retro-Stil gelingt die präzise Balance zwischen Intimität und Anonymität, Gediegenheit und Modernität.

NAH AM SIEDEPUNKT

18 90 Grad

Dennewitzstraße 37

Berlins verführerische Antwort auf die euphorischen Nächte im legendären Studio 54 in New York: Der riesige, glamouröse Nightclub, in dem sich Diven beiderlei Geschlechts drängen, ist seit der Eröffnung 1989 Berlins Clubbing-Bühne Nummer eins. Die Gründer Bob Young, Britt Kanja und Hille Saul, bekannte Namen in der Berliner Party-Avantgarde, verliehen dem zunächst an der Grenze der Legalität operierenden Club Glanz und Glamour. Inzwischen darf das Starkaliber auch ein paar Nummern größer sein. Sind Berühmtheiten in der Stadt (besonders während der Filmfestspiele), landen einige von ihnen garantiert im 90 Grad: Goldie Hawn, Cate Blanchett, Sarah Connor, Hardy Krüger jr. und Jette Joop hat man gesichtet, Ben Affleck und Matt Damon legten hier einen ausgelassenen Party-Absturz hin. Das 90 Grad übernimmt als Gastgeber auch die Veranstaltung von Events, sei es die Pommery POP-Star-Party, La Nuit de Pure White (Präsentation des White Cognac von Hennessy), die Ministry-of-Sound-Party oder eine Aidsgala. 1998 übernahmen Nils Heiliger und Frank Schulze-Hagenest das Ruder, und das 90 Grad liegt nach wie vor heiß im Trend.

PARKLANDSCHAFT

19 Tiergarten

Berlins grüne Lunge erstreckt sich über 207 Hektar mitten im Zentrum der Millionenstadt. Der Tiergarten war im 16. Jahrhundert das Jagdgehege der Kurfürsten. 1742 verwandelten ihn Georg Wenzeslaus von Knobelsdorff und Justus Sello in einen öffentlichen Park; von 1833 bis 1840 erfolgte dann unter Peter Joseph Lenné die Umgestaltung in einen Landschaftspark im englischen Stil. Erste Statuen wurden ab 1850 aufgestellt, und die von Knobelsdorff und Lenné angelegten Sichtachsen durchziehen noch immer den Park. Fünf von ihnen treffen heute als Hauptverkehrsadern am Großen Stern aufeinander, einem Kreisverkehr, dessen krönender Mittelpunkt die von den Berlinern »Goldelse« getaufte Siegessäule ist, eine der zahlreichen Sehenswürdigkeiten im Park. Das Schloss Bellevue, Sitz des Bundespräsidenten, liegt an seinem Nordrand. Auch die frühere Kongresshalle (»Schwangere Auster«), die heute das Haus der Kulturen der Welt mit einer ständigen Ausstellung beherbergt, befindet sich im Tiergarten. Rund 2,5 Hektar Seen und Teiche sowie etwa 23 Kilometer Fußwege durchziehen die abwechslungsreiche Landschaft. Der Tiergarten ist weit davon entfernt, ein künstlich wirkender Stadtpark zu sein: Die grünen Wiesen und breiten Wege zwischen den großzügigen Baumgruppen werden in den Sommermonaten von Familien und lebenslustigem Stadtvolk in Besitz genommen – für Grillpartys, Badespaß, Inlineskaten und alle anderen Schönwetteraktivitäten.

SOMMERLICHES IDYLL

20 Café am Neuen See

145

DER TAGESSPIEGEL

Charlottenburg
Wilmersdorf

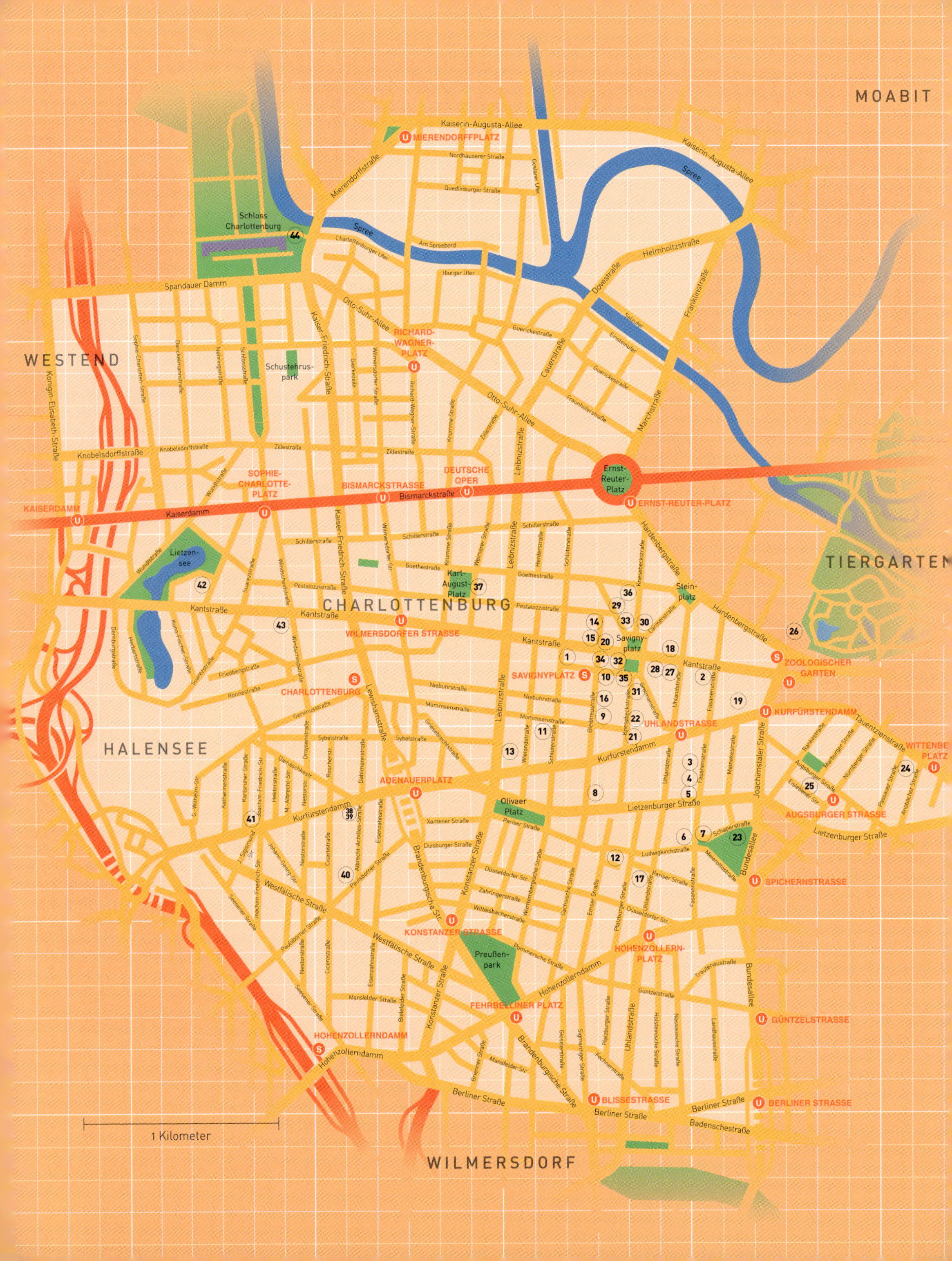
MOABIT
WESTEND
TIERGARTEN
CHARLOTTENBURG
HALENSEE
WILMERSDORF
Schloss Charlottenburg
Schustehrus-park
Lietzen-see
Ernst-Reuter-Platz
Karl-August-Platz
Savigny-platz
Stein-platz
Olivaer Platz
Preußen-park
Spree
MIERENDORFFPLATZ
RICHARD-WAGNER-PLATZ
SOPHIE-CHARLOTTE-PLATZ
BISMARCKSTRASSE
DEUTSCHE OPER
ERNST-REUTER-PLATZ
KAISERDAMM
WILMERSDORFER STRASSE
CHARLOTTENBURG
SAVIGNYPLATZ
ZOOLOGISCHER GARTEN
KURFÜRSTENDAMM
UHLANDSTRASSE
WITTENBERGPLATZ
AUGSBURGER STRASSE
ADENAUERPLATZ
SPICHERNSTRASSE
KONSTANZER STRASSE
HOHENZOLLERNPLATZ
FEHRBELLINER PLATZ
GÜNTZELSTRASSE
HOHENZOLLERNDAMM
BLISSESTRASSE
BERLINER STRASSE
Kaiserin-Augusta-Allee
Mierendorffstraße
Spandauer Damm
Otto-Suhr-Allee
Kaiser-Friedrich-Straße
Knobelsdorffstraße
Kaiserdamm
Bismarckstraße
Leibnizstraße
Hardenbergstraße
Kantstraße
Marchstraße
Franklinstraße
Helmholtzstraße
Dovestraße
Cauerstraße
Kurfürstendamm
Lietzenburger Straße
Joachimstaler Straße
Tauentzienstraße
Bundesallee
Westfälische Straße
Konstanzer Straße
Brandenburgische Straße
Hohenzollerndamm
Berliner Straße
Badenschestraße
Uhlandstraße
Leibnizstraße
Lewishamstraße
Koenigin-Elisabeth-Straße
1 Kilometer

1695 verehrte Kurfürst Friedrich III., später als Friedrich I. Preußens erster König, seiner schönen, gebildeten Gemahlin Sophie Charlotte die Lietzenburg im kleinen Ort Lützow. Als Sophie Charlotte im Alter von nur 37 Jahren starb, gab Friedrich dem Lustschloss wie dem Ort den Namen Charlottenburg. Bald ließen sich Adel und Großbürgertum in der Gegend nieder. Nach der Industrialisierung gehörten Charlottenburg und das benachbarte Wilmersdorf zu den bevorzugten Wohnvierteln der neuen, wohlhabenden Bürgerschicht. In und um Schloss Charlottenburg warten einige der bedeutendsten Museen Deutschlands auf Besucher (s. S. 103). Schlendern Sie durch die Wohn- und Repräsentationsräume im Schloss oder durch das Museum für Vor- und Frühgeschichte. Die Stülerbauten flankieren die Auffahrt zum Schloss: Im rechten lockt die Ägyptische Sammlung, im linken die Berggruen-Sammlung.

Die Flanier- und Shoppingmeile von Charlottenburg und Wilmersdorf ist der einst so noble und elegante Kurfürstendamm. Die populäre Bezeichnung »Ku'damm« ist ein schönes Beispiel für den Hang der Berliner zu schnodderig-prägnanten Spitznamen. Nach dem Ausbau zum Prachtboulevard 1886 wurde der Ku'damm Brennpunkt des gesellschaftlichen und kulturellen Lebens im wilhelminischen Berlin. Zwischen den Weltkriegen drängten sich im Viertel Dutzende Kinos und Theater, Teesalons und Kaffeehäuser. Der Ku'damm wurde im Zweiten Weltkrieg schwer von Bomben getroffen, als Westberlins pulsierende Hauptverkehrsader aber schon bald wieder aufgebaut. An seinem östlichen Ende steht die Ruine der Gedächtniskirche mit modernem Anbau als Mahnmal an die Schrecken und Zerstörungen des Krieges, aber auch als Symbol für die Zähigkeit und Hartnäckigkeit der Stadt. Heute ist der Ku'damm fest in der Hand der Touristen. Biegt man aber in eine Straße wie die Fasanenstraße ab, wird man mit der heiteren Atmosphäre in den Alleen, Cafés und Läden belohnt.

Die Technische Universität in Charlottenburg hat große Wissenschaftler und Denker von Weltruf hervorgebracht, und die Studenten sind es auch, die dafür sorgen, dass der unruhige und intellektuelle Geist früherer Zeit nicht aus dem Quartier verschwindet.

FANTASTISCH FRÜHSTÜCKEN

1 Jules Verne

Schlüterstraße 61

Die roten und elfenbeinfarbenen Wände des Restaurants und die kleinen Tische aus spanischer Eiche strahlen Gemütlichkeit aus. Die Buchstaben aus Leuchtstoffröhren an den Wänden blieben als Reminiszenz an den Vorbesitzer El Bodegon erhalten. Was hier auf den Teller kommt, ist herzhaft, gesund und reichlich. Es gibt ein tägliches Mittagsbüfett, wirklich interessant aber sind die Speisen à la carte, die mit fantasievollen Namen wie *Endloser Traum* – Linguine mit Barsch und Kohlrabi in Kräutersauce – oder *The Big Apple* – ein in Calvados mariniertes Steak mit Apfel und Majorankartoffeln – ins Auge fallen. Und natürlich kann man hier auch – in bester Berliner Tradition – hervorragend frühstücken. Das Frühstück *In 80 Tagen um die Welt* hätte Phileas Fogg vor Antritt seiner Reise sicher behagt: Roastbeef, hausgebeizter Lachs, Orangenmarmelade, Tomaten mit Mozzarella und Honig-Zimt-Quark mit frischen Früchten.

SCHLEMMEN IN BORDEAUX

2 Weinrot

132

KUCHEN MIT AMBIENTE

3 Café im Literaturhaus

Fasanenstraße 23

Die Gründerzeitvilla von 1886 ist Anlaufpunkt für Lesungen, Diskussionen und sonstige Veranstaltungen rund um die Literatur. Für das leibliche Wohl der Besucher sorgt ein reizendes Café, das Brigitte und Peter Föste Anfang der 1990er übernommen haben. Heiß begehrt sind die Plätze im Wintergarten, aber auch die beiden stilvollen Salons (einer davon ausschließlich für Nichtraucher) bieten ein wunderbares Ambiente. Im Sommer laden zusätzlich Garten und Terrasse ein, die am Abend romantisch im Glanz von Fackeln und Kerzen erstrahlen. Ein schöner Platz für ein Stück selbst gebackenen Kuchen oder Torte oder für eines der international geprägten Gerichte von der täglich wechselnden Karte. Wer im Café, der Bestimmung des Hauses folgend, gern ein wenig schmökern möchte – im Souterrain befindet sich eine gut sortierte Buchhandlung.

Y

e
CINZANO

KUNST, DIE VON HERZEN KOMMT

4 Käthe-Kollwitz-Museum

Fasanenstraße 24

Am besten erinnert man sich an Käthe Kollwitz (1867 bis 1945), die zu den zentralen Gestalten des deutschen Realismus und zu den bedeutendsten Grafikern ihrer Zeit zählt, wegen ihrer eindrucksvollen Darstellungen der Armen im Berlin der ersten Hälfte des 20. Jahrhunderts. Als Frau eines Arztes und Sozialisten sah die Künstlerin das Elend der Unterschicht mit eigenen Augen und hielt es – in der Hoffnung, ihre Arbeit könne zum sozialen Wandel beitragen – sachlich und zugleich einfühlsam in Lithographien, Holzschnitten, Radierungen, Kohlezeichnungen und Skulpturen fest. Das Museum wurde 1986 von dem Sammler Hans Pels-Leusden in einem prunkvollen Palais in der Nähe des Literaturhauses (s. S. 90) eröffnet und zeigt rund 200 Zeichnungen und grafische Arbeiten der Künstlerin. Einige der Werke mögen weltberühmt sein, andere sieht man hier zum ersten Mal, doch berührend sind sie alle.

ANZIEHENDE ANZÜGE

5 Patrick Hellmann

Fasanenstraße 28–29

Sätze, in denen die Ausdrücke »eine New-York-Minute« oder »Zeit ist Geld« oder »Moskau hat Hochkonjunktur« vorkommen, bringen Hellmanns Mitarbeiter in weniger als zwanzig Berliner Minuten über die Lippen, wenn man sie nach ihrer Arbeit befragt. Dies gibt einen Eindruck von dem geschäftigen Ambiente, das der amerikanische Designer, den es vor 20 Jahren nach Berlin zog, in seinem Atelier geschaffen hat. Hellmann, als Sohn eines deutschen Schneiders in Cincinnati, Ohio, aufgewachsen, kam nach einer Schneiderausbildung hierher. Angefangen hat alles 1980 mit einem Laden, heute erstreckt sich sein Anzug-Imperium über drei Boutiquen in Berlin und drei weitere in Moskau. 1998 entwarf Hellmann eine Damenkollektion, 2001 überraschte er mit Fashion für Männer. Hellmann bringt zwei Kollektionen pro Jahr heraus: Eine ist Haute Couture, die andere Prêt-à-porter. Sein Markenzeichen: der elegante, aber bequeme Nadelstreifenanzug. Zurzeit dehnt der Edeldesigner sein Sortiment auf Heimtextilien, Bilderrahmen, Lampen und Möbel aus.

KÜNSTLERBAR

6 Galerie Bremer

153

KLEIN, ABER FEIN

7 Rum Trader

Fasanenstraße 40

»The New York Fire Department does not allow more than 150 people in the Establishment« steht auf einem Schild an der Wand gleich am Eingang des Rum Trader. Pure Ironie – der nur etwa zehn Quadratmeter große Raum ist mit wenig mehr als einem Dutzend Gäste bereits völlig überfüllt. Eine Nebensächlichkeit, die der stetig wachsenden Beliebtheit der 1975 von Hans Schröder eröffneten Bar nie Abbruch getan hat. Schröder war einst Barchef im historischen Hotel Adlon; als er den Rum Trader nach rund 27 Jahren 2001 an Gregor Schöll übergab, hatte dieser sich in der deutschen Barlandschaft bereits einen Namen gemacht, zuletzt als Berater bei der Konzeption der Bar du Paris Bar (s. S. 131). Schröder hat im Trader Vic's in London gelernt, und dementsprechend atmet der Rum Trader britische Zurückhaltung. Über 150 Rumsorten sind stets auf Lager. Seltenere Tropfen werden bei Rumproben in erlesener Runde verkostet. Übrigens hat Schröder der inzwischen verstorbenen Queen Mum einen seiner bevorzugten Cocktails gewidmet und ist stolzer Besitzer eines Schreibens vom Buckingham Palace, das den Drink offiziell anerkennt.

MEDITERRAN UND ÖKOLOGISCH

8 Hotel Bleibtreu

Bleibtreustraße 31

Berlins erstes Boutiquehotel sollte eine mediterrane Oase in der mitteleuropäischen Metropole schaffen. Diese Idee verfolgte Unternehmer Roman Sklobo mit seiner dritten Hotelschöpfung (die erste ist das Savoy, ihm folgte der Berliner Hof, das vierte und jüngste ist das Ku'Damm 101, s. S. 124). Für das 60-Zimmer-Haus zeichnet Herbert Jakob Weinand verantwortlich, die Innengestaltung in warmen, mit Rot durchsetzten Blautönen stammt von Kessler + Kessler in Zürich, die ihr Farbkonzept genau auf Weinands einzigartigen Entwurf abgestimmt und so eine intensiv südeuropäische Atmosphäre kreiert haben. Ein zehn Meter langer, mit meeresblauer Keramik verkleideter Tisch im Schatten von Kastanienbäumen ist der Blickfang im Innenhof, wo im Sommer nicht nur Hotelgäste gern einen Cocktail bei Kerzenschein genießen. Im Wellnessbereich entspannt man bei Lichttherapie und Reflexzonenmassage. Nettes Symbol der ökologischen Philosophie des Hauses: Als Betthupferl wird hier nicht das obligatorische Schokoladentäfelchen aufs Kopfkissen gelegt, sondern ein Apfel aus kontrolliertem Anbau.

SCHRÄGE SHOPPINGFANTASIE

9 Kaufhaus Schrill

Bleibtreustraße 46

Irene Schweitzers Auge für hochkarätige Narreteien wird in dem Sortiment des 1981 eröffneten Ladens sichtbar. »Die Stadt war Anfang der 1980er-Jahre grau«, erinnert sich die Berlinerin, »und ich wollte etwas Farbe ins Spiel bringen.« Sie ist weit herumgekommen, lebte in London und in Florenz und ist auf der Jagd nach Retro-Stücken für ihr Berliner Kaufhaus bis nach New York und Hongkong gereist. Im extravagant bunten Warenangebot hat es schon alles gegeben: Sonnenbrillen von den Fünfzigerjahren aufwärts, Kostümschmuck, Handschuhe in allen Farben des Regenbogens, Hüte aus den Zwanzigern und eine Jacke von dem Kostümdesigner, der Elvis Presley einzukleiden pflegte. Im Kaufhaus Schrill findet jeder etwas – sofern man zu einer verrückten Kostümparty geht oder seine Wohnung möglichst ausgefallen dekorieren möchte.

BAUHAUS IM HAUS

10 Art + Industry

Bleibtreustraße 40

Seit 1987 sammelt Art + Industry Vintage-Möbel, um sie zu restaurieren und zu verkaufen. So ist eine exklusive Sammlung von Röhrenstahlmöbeln aus den 1930er-, 1940er- und 1950er-Jahren sowie Klassikern aus den folgenden drei Jahrzehnten entstanden. Was in den Räumen in der Bleibtreustraße nicht untergebracht werden kann, findet man in der nahen Wilmersdorfer Straße 39 in einem 300 Quadratmeter großen Lagerverkauf. Ein Bummel durch die Geschäfte gleicht einem Besuch im Designmuseum, allerdings mit dem attraktiven Nebeneffekt, dass man die Bauhausstühle bei Gefallen mitnehmen kann. Man trifft auf Stücke von Marianne Brandt, Christian Dell, Wilhelm Wagenfeld und Marcel Breuer; es gibt Glas aus Böhmen und von der Insel Murano, antike Fächer, Vintage-Uhren und Bakelitschmuck – lauter hübsche kleine Stücke, die nicht selten Museumsqualität haben.

WEINFACHMANN

11 Klemkes Wein- und Spezialitäteneck

Mommsenstraße 9

Früher verkaufte Werner Klemke Luxusartikel aus Leder und saß nach der Arbeit häufig mit Freunden bei einem guten Glas Wein zusammen. Vor 20 Jahren tauschte er dann seine Cartier- und Hermès-Bestände gegen Cabernet und Merlot. Klemke reist regelmäßig durch Europa, verkostet Weine und macht sich mit der Geschichte der Lagen vertraut. Die riesige Auswahl lagert er in Holzregalen, probieren kann man sie zu den bodenständigen Gerichten, die Klemkes Frau Elfi zubereitet. Stühle gibt es nicht, aber die Stammgäste frönen Speis und Trank auch gern im Stehen. »Ich bin jetzt in meinen Siebzigern«, erzählt Klemke, »und ich kenne mich wirklich mit Wein aus. Ich teile mir jeden Tag eine Flasche mit meiner Frau, wir wissen also genau, was wir verkaufen und was gut schmeckt.«

FÜR FREUNDE DER GEHOBENEN RAUCHKULTUR

12 Zigarren Herzog

Ludwigkirchplatz 1

Anderen das Zigarrerauchen nahe zu bringen, dieses hehre Ziel hat sich Dr. Maximilian Herzog gesteckt. Ende der 1990er-Jahre richtete er seinen Laden ein, den man kaum anders als eine Weihestätte für die Kunst des Zigarrerauchens nennen kann. Sein Ruf und seine Kenntnisse haben Herzog zum Hüter des Humidors im Hotel Savoy gemacht. Dort berät er Aficionados in der Casa del Habano (s. S. 132). Zigarren Herzog bietet nicht nur ein benebelnd breites Sortiment an Zigarren und feinen Accessoires, es gibt hier auch den obligatorischen begehbaren Humidor, ein Raucherzimmer und gereifte Zigarrenbegleiter wie Cognac, Single Malt oder Port. Herzog organisiert Events im kleinen Rahmen: Zigarrenverkostungen, Vernissagen und Zigarrenseminare, bei denen zum Beispiel das Rollen der Zigarre von Hand demonstriert wird.

FUTURE LIVING

13 Leibniz Kolonnaden

Zwischen Leibnizstraße und Wielandstraße

Der Kontrast zwischen der traditionellen Architektur in Charlottenburg und der selbstbewussten Modernität der Leibniz Kolonnaden ist frappierend. Die Stararchitekten Hans Kollhoff und Helga Timmermann haben eine heitere Piazza mit Wasserspielen geschaffen und sie mit einem sieben- und achtstöckigen Kolonnadenbau umgeben, ein Projekt, das als Inbegriff einer neuen urbanen Lebensweise gepriesen wird: Wohnen, Einkaufen, Arbeiten, Essen – alles in einem. In den oberen Etagen leben in loftähnlichen Luxusapartments trend- und stilbewusste Young Urban Professionals. Büros, Geschäfte und Restaurants säumen den Platz. Der Bau mit den strengen Linien und dem südlichen Charme ist bei Besuchern wie Anwohnern beliebt, die hier essen, shoppen und das moderne Dolce Vita genießen. Ein Anziehungspunkt ist der samstägliche Viktualienmarkt mit Leckereien aus aller Welt.

MUT ZUM HUT

14 Chapeaux

Bleibtreustraße 51

Nach Abschluss ihrer Lehre bei dem Hutmacher Gunter Baumbach 1994 bot Andrea Curti ihre Kreationen in einem gemeinsamen Laden mit Fiebelkorn & Kuckuck (s. S. 98) an. 1999 eröffnete sie ihr eigenes Geschäft gleich gegenüber. Dunkle Holzböden, dunkelblaue Wände und ein Sofa mit purpurfarbenem Pannesamtbezug verleihen ihrer Boutique mit den erleuchteten Wandflächen, wo sie ihre riesige Auswahl an Hutschöpfungen präsentiert, eine intensive farbliche Sogwirkung. Curti ist der Meinung, dass »Leute mit Hüten besser und individueller aussehen. Im Sommer mache ich Kopfbedeckungen, die Schatten spenden und vor der Sonne schützen, im Winter muss ein Hut warm halten, aber sie sollen – gleich zu welcher Jahreszeit – ausgefallen sein und die Persönlichkeit unterstreichen.« Neben Herren- und Damenhüten für den Alltag kreiert die Hutmacherin kunstvolle Federhüte in Limonengrün und Senffarben, die sie kürzlich auch zu ihrer ersten Handtaschenkollektion inspiriert haben.

BUNT UND LEBENSFROH

15 Rio

Bleibtreustraße 52

Barbara Kranz mag zwar nie in Rio gewesen sein, aber ihre Arbeiten atmen die Farbenpracht und Lebensfreude, Sinnlichkeit und Extravaganz der Stadt. Seit 20 Jahren im Geschäft, begeistert sie ihre Kundinnen mit Kreationen aus ungewöhnlichen Materialien, in allen Farben des Regenbogens, für jeden Typ und jeden Anlass. Auch die Schöpfungen anderer Designer, die sie verkauft, müssen dem Anspruch des Außergewöhnlichen standhalten. Und so geht frau mit leuchtenden Augen in diesen Wunderladen hinein und kommt angetan mit einem glückseligen Strahlen und einem soeben erworbenen Funkeln wieder heraus.

GUTES AUS TRADITION

16 Lubitsch

138

SÜSSE RACHE DER FRAUEN

17 Revanche de la Femme

Uhlandstraße 50

Sechs Metallstützen geben jedem Korsett, das Shimon Trianovski und Elena Krebs unter dem verwegenen Labelnamen Revanche de la Femme herstellen, seine Form. Ihre erste, 1999 eröffnete Boutique war so erfolgreich, dass 2003 eine zweite auf dem Ku'damm folgte. Die russisch-deutsche Zusammenarbeit nahm ihren Anfang, als Krebs vom Modestudium aus Kiew zurückkam. Ihre Korsetts, ob aus Brokat oder Satin, sind ohne jeden Zweifel umwerfend schön, und ihre herrliche Eigenschaft, der Trägerin »Halt zu geben«, hat den beiden Korsettmachern einen Fanclub eingebracht, dem Teenager wie Großmütter angehören.

FÜR EINRICHTUNGSÄSTHETEN

18 Stilwerk

Kantstraße 17

500 Marken in 59 Abteilungen auf mehr als 19 000 Quadratmetern, verteilt auf fünf Etagen – die Zahlen, mit denen Stilwerk aufwartet, beeindrucken. Ziel ist es, das Beste an internationalem zeitgenössischem Design unter einem Dach zu präsentieren, ein Konzept, das Investor Bernhard Garbe erstmals in Hamburg realisierte und dem in Berlin, Düsseldorf und München weitere Niederlassungen gefolgt sind. Die Crème de la Crème des Produktdesigns, hier ist sie versammelt und zeigt, was sie zu bieten hat: Stühle von Kartell, Küchengeräte von Alessi, Schmuck von Niessing, Stereoanlagen von Bang & Olufsen, Sofas von Ligne Roset, Küchen von Bulthaup und Flügel von Bechstein. Kostproben junger Designertalente finden sich bei Handwerk + Design im vierten Stock des Superstores. Hier präsentieren Newcomer Aquarien, Sitzsäcke und allerlei Neuartiges, Funktionelles und Dekoratives – in der Hoffnung, zu den Großen von morgen zu gehören.

ALLES NEU IN BERLIN

19 Neues Kranzler Eck

Kurfürstendamm/Kantstraße/Joachimsthaler Straße

Die Nähe zum Bahnhof Zoo und die Abwanderung eleganter Boutiquen in die Friedrichstraße hat es Anfang der 1990er-Jahre um das östliche Ende von Ku'damm und Kantstraße still werden lassen. Als Wiederbelebungsmaßnahme schuf der Architekt Helmut Jahn aus Chicago (s. S. 38) für das Neue Kranzler Eck eine futuristische, 60 Meter hohe Glasfassade. Ihre Kante schiebt sich wie ein Schiffsbug in den Kurfürstendamm hinein, dramatisch betont durch die Lichtinstallation *Lichtburg* von Yann Kersalé. In den Komplex wurden einige ältere Bauten einbezogen, darunter das legendäre Café Kranzler. Zwischen Ku'damm und Kantstraße entstand ein heller, einladender Durchgang. Das Areal zwischen dem Theater des Westens, dem Delphi-Kino, das für seine schöne Zwanzigerjahre-Architektur gerühmt wird, dem Hotel Savoy und dem Börsengebäude des britischen Hightecharchitekten Nicholas Grimshaw ist zu neuem Leben erwacht.

ZWEI IN EINEM

20 Fiebelkorn & Kuckuck

Bleibtreustraße 4

Zwei Frauen. Zwei Designer. Zwei Stile. Zwei Klientelen. Ein Laden. Das ist das Rezept von Fiebelkorn & Kuckuck. »Nanna und ich teilen uns einfach einen Laden«, erklärt Friederike Fiebelkorn. »Unsere Stilrichtungen gehen so weit auseinander, dass wir selten Kunden haben, die zu uns beiden kommen.« Das mag daran liegen, dass Fiebelkorn Brautkleider entwirft und Kuckuck glanzvolle Abendgarderoben. Die Brautkollektion ist eher klassisch gehalten, denn Fiebelkorn weiß, dass die Berlinerin bei der Hochzeit in Weiß Traditionelles extravaganten Fantasien vorzieht. Kuckuck plissiert selbst und formt dann ihre Schöpfungen aus italienischen Stoffen und antiken Saris. Die beiden verabscheuen Schwarz. »Von dieser sicheren Farbe gibt es viel zu viel in Berlin«, sagt Fiebelkorn. »Wir ziehen es vor, mit Farben zu spielen.«

TRAUMWELTEN, DIE GRENZEN SPRENGEN

21 Q!

120

KUNSTBUCH

22 Galerie 2000

Knesebeckstraße 56–58

Wolfgang Chrobot hat die Buchhandlung schlechthin geschaffen: Regal an Regal, vom Boden bis unter die Decke, und Tische, die unter dem Gewicht der Bücher ächzen. »An meinen Wänden ist kein Platz für Plakate oder Ausstellungen«, räumt Chrobot ein. Seit der Eröffnung seiner Fachbuchhandlung für Kunstbücher 1970 hat er 35 000 Titel angehäuft: »Ich bin ein wahrer Traum von einem Buchhändler.« Werke über Kunst, Architektur, Fotografie und Gestaltung drängen sich in der Galerie 2000, zusammen mit einer beeindruckend großen Auswahl an Ausstellungskatalogen und Büchern über ethnische Kunst in Afrika, Asien und Südamerika.

LIFE IS A CABARET, MY FRIEND!

23 Bar Jeder Vernunft

Schaperstraße 24

Prominente und solche, die es werden wollen, teilen sich in unterhaltsamer Eintracht die Bühne in dem winzigen Varieté, das Holger Klotzbach 1992 im Spiegelzelt, einem Zirkuszelt aus der Jugendstilzeit – komplett mit roten Samtlogen und funkelnden Spiegelsäulen –, gegründet hat. Allabendlich führt zur allgemeinen Freude ein Conférencier durch die temporeiche Show. Lassen Sie sich vom bunten Treiben auf der Bühne unterhalten und zum Lachen bringen. Otto Sander, Max Raabe und Ute Lemper sind auf diesen Brettern aufgetreten, ebenso wie die Travestiekünstlerin Georgette Dee oder der Komiker Jockel Tschiersch. Die Künstler wechseln, aber eines ist sicher: Das Veranstaltungsprogramm mit Musikern, Sängern, Komikern und Politkabarettisten hat immer den gewissen Biss.

SPEIS UND TRANK

24 KaDeWe

169

ZEN-WINTERGARTEN

25 Hotel Brandenburger Hof

122

FOTO-IKONE

26 Museum für Fotografie / Helmut Newton Stiftung

Jebensstraße 2

Helmut und June Newton überließen im Rahmen einer Schenkung der Stadt Berlin – Helmut Newtons Geburtsstadt – eine große Sammlung ihrer Werke. Sie befindet sich im neuen Museum für Fotografie im ehemaligen Landwehrkasino. Der Bau liegt in einer reichlich verwegenen Gegend, in einer Gasse hinter dem Bahnhof Zoo. Zwar würde man hier Obdachlose, Prostituierte und Drogensüchtige eher erwarten als den kunstbeflissenen Museumsbesucher, aber Newton selbst hat, wie viele seiner Bilder bezeugen, auch vor den Schattenseiten der menschlichen Existenz nie die Augen verschlossen. In seiner Laufbahn lichtete er Menschen in den unterschiedlichsten Lebensumständen und aus allen Lebensbereichen ab, die Berühmten wie die Benachteiligten. Die Sammlung im Erdgeschoss zeigt unter anderem Newtons berühmte *Big Nudes*; auf den oberen beiden Etagen werden die Wechselausstellungen des Museums für Fotografie präsentiert.

OH, LÀ, LÀ!

27 Paris Bar

131

FRIEDERIKE
FIEBELKORN
INDISCHE SEIDEN
FRANZÖSISCHE
ITALIENISCHE

Bar

DIE ADRIA
KATHARINENKLOSTER
Art et Architectures Berbères du Maroc
CAIRO
Alger à l'époque ottomane
SIZILIEN
ASMARA
Putz und Stuck
Byzantium Rediscovered

CAFÉ
SAVIGNY

SO SCHÖN IST ÖSTERREICH

28 Ottenthal

134

HERZHAFT UND GUT

29 Florian

138

JE T'AIME

30 Gainsbourg

148

BOXRING

31 Diener im Tattersall

149

WIE DER NAME SCHON SAGT

32 Weinrestaurant Risacher

Savignyplatz 11

Obwohl das Risacher schon seit zwanzig Jahren besteht, übersieht man es im geschäftigen Treiben am Savignyplatz leicht. Es ist eine Unauffälligkeit, die der Inhaber Yves Risacher schätzt. Er weiß, dass der lang anhaltende Erfolg seines Lokals ein Beweis für das hohe Niveau seiner Küche und die eiserne Treue seiner Stammgäste ist. Die wiederum macht Tischreservierungen unerlässlich. Gelbe Wände und schmiedeeiserne Jugendstillampen schaffen eine gemütliche Atmosphäre. Zum elsässischen Dekor gibt es fantastische französische Küche: Bœuf Bourgignon, Quiche Lorraine, Pasteten, Crème Caramel und Mousse au Chocolat sind die Klassiker auf der Speisekarte. Die lange, gut sortierte Weinkarte mit vielen Preziosen spiegelt Risachers Überzeugung wider, dass Bewährtes der Mode vorzuziehen ist.

ZWEITES ZUHAUSE

33 Café Savigny

Grolmannstraße 53

Das dezente, winzige Café verwöhnt seine Gäste seit 1981 mit reichlichen Portionen von allem, was Leib und Seele wohl tut. Heidi Schöfa hat den beiden Gasträumen mit römisch inspirierten Wandfriesen, einem altmodischen Kronleuchter und runden Tischen behagliche Wohnzimmeratmosphäre verliehen. Tageszeitungen in vier Sprachen sorgen für reichlich Lesestoff – dieser wird besonders gern zum späten Frühstück konsumiert. Die täglich wechselnde Karte ergänzen All-Time-Favourites wie Gnocchi oder Maultaschen. Die Nachmittage versüßt eine verlockend große Auswahl an Torten und Kuchen, Kaffees und heißen Schokoladen. Das Savigny ist ein beliebter Treff der Nachbarschaft und bewahrt sich seine entspannte Atmosphäre bis in den Abend hinein.

UNTER DEN ARKADEN

34 Bücherbogen

Savignyplatz, Stadtbahnbogen 593

Der Berliner Architekt Gerhardt Spangenberg ist der Kopf hinter den sechs Architektur- und Kunstbuchhandlungen, die er unter dem Namen Bücherbogen zusammengefasst hat. Er und seine Frau Ruthild richteten diesen Laden als ersten und größten vor über zwanzig Jahren in drei Bogengewölben unter einer Stadtbahnbrücke ein. Die Ladengestaltung ist dem schier unübersehbaren Angebot an Bänden über Architektur, Produkt- und Grafikdesign, Theorie, Kunst und Fotografie würdig, das Profis, Studenten und interessierte Neugierige magisch anzieht. In den Läden finden regelmäßig Lesungen und Präsentationen von Neuerscheinungen statt.

ARCHITEKTUR IM ÜBERBLICK

35 Galerie Aedes

Savignyplatz, Bogen 600-1

Im Tätigkeitsspektrum der Galerie Aedes soll »deutlich gemacht werden, dass Architektur nicht isoliert als reine Bauaufgabe betrachtet wird, sondern als Bestandteil politischer, kultureller, wirtschaftlicher und gesellschaftlicher Prozesse«. Nach fast einem Vierteljahrhundert engagierter Arbeit würde wohl kaum noch jemand in der internationalen Architekturszene behaupten, dass die Galerie ihr Ziel nicht erreicht hätte. Verantwortlich für den Erfolg ist Kristin Feireiss, die diese erste private Architekturgalerie in Deutschland 1980 zusammen mit Helga Retzer und Hans-Jürgen Commerell begründete. 2000 wurde als zusätzliche Ausstellungsfläche der Glaspavillon der Dependance Aedes East in den Hackeschen Höfen eröffnet. 18 bis 20 Ausstellungen mit Arbeiten bekannter und experimenteller Architekten zeigt die Galerie Aedes pro Jahr, und im Lauf der Zeit waren hier Koryphäen wie Daniel Libeskind, Frank Gehry, Rem Kohlhaas, Zaha Hadid, MVRDV und Tadao Ando zu sehen. 2001 wurde Kristin Feireiss für ihre Verdienste um die Architektur das Bundesverdienstkreuz verliehen.

SÜSSE WELTREISE

36 Melanie

171

-August-Platz

Universum
Loung

AUF ZUM MARKT!

37 Karl-August-Platz

Biscotti, Pestalozzistraße 88

Auf diesen Wochenmarkt zieht es Berliner Feinschmecker mittwochs und samstags, um aus dem überwältigenden Angebot an einheimischen Käsespezialitäten, Brotsorten, Obst und Gemüse auszuwählen. Kleine Marktstände, versteckt unter weißen Zeltdächern, umgeben die evangelische Trinitatiskirche wie eine Perlenkette den Hals einer vornehmen Dame. Der Platz, der buchstäblich im Hinterhof des Wohnviertels von Charlottenburg liegt, verströmt einen eigenen, von Touristen unberührten Charme. Eine Reihe von Cafés blickt auf das Markttreiben. Nach dem Marktbesuch empfiehlt sich vor allen anderen das Biscotti, wo man bei einem Cappuccino und einem Stück Kuchen in aller Ruhe über das eben Gekaufte und das Menü für den Abend nachdenken kann.

TANZ- UND THEATERAVANTGARDE

38 Schaubühne im Mendelssohn-Bau

Kurfürstendamm 153

Der Mendelssohn-Bau (errichtet 1927/28), ein Werk des expressionistischen Baumeisters Erich Mendelssohn, ist Heimat eines der wichtigsten deutschsprachigen Theater: Seit 1981 bringt die Schaubühne hier ihre avantgardistischen Inszenierungen in Tanz und Drama auf die Bühne. Unter der künstlerischen Leitung von Sasha Waltz und Thomas Ostermeier hat eine neue Riege von Choreographen und Regisseuren Einzug gehalten. Nach dem Umbau dieses ehemaligen Kinos durch Jürgen Sawade vermittelt der Raum mit kargem Betoninterieur und frei stehenden Stühlen etwas Improvisiertes. Die hochmoderne Bühnentechnik bildet dazu ein interessantes Gegengewicht – sie macht die Schaubühne zu einem der am besten ausgestatteten Theaterhäuser Deutschlands.

ZUM ABHEBEN

39 Universum Lounge

Kurfürstendamm 153

Im Mendelssohn-Bau hat auch eine neue In-Location Quartier bezogen: die Universum Lounge im Space-Age-Stil der Siebzigerjahre. Die Cocktailbar ist eine Schöpfung des Berliner Architektenduos Alexander Plajer und Werner Franz (s. S. 28). Cooler Blickfang sind die hinterleuchteten Großdias von der Mondlandung. Die Metallbar, weiße Lederbänke, Accessoires in Silber und Rot und natürlich die ausgezeichneten Cocktails tragen das Ihre dazu bei, dass man hier auf angenehmste Art und Weise abhebt.

KUNST AM BETT

40 Propeller Island City Lodge

118

MINIMALISTISCHES UNDERSTATEMENT

41 Ku'Damm 101

124

MIT SEEBLICK

42 Engelbecken

Witzlebenstraße 31

Das Engelbecken am Lietzensee gegenüber dem gleichnamigen Park sorgt mitten in der Großstadt für Urlaubsfeeling, vor allem im Sommer, wenn man von den Tischen draußen in aller Seelenruhe auf den blauen See blickt. Im Inneren harmoniert die moderne Einrichtung mit schlichten weißen Wänden, grünem Linoleumboden sowie braunen Tischen und Stühlen sehr schön mit den farbenfrohen Bildern von Küchenchefin Moutell. Die alpenländische Küche von Marion Moutell und Heidi Zeidler ist längst kein Geheimtipp mehr, deshalb empfiehlt es sich zu reservieren. Zu Schweinebraten, Lammhachse oder Müritzforelle trinkt man Augustiner-Bier oder einen österreichischen Wein. Nach dem Essen ist ein Spaziergang am idyllischen See der perfekte Ersatz für den Digestif.

KLASSISCHE PERFEKTION

43 Alt Luxemburg

135

STADTRESIDENZ

44 Schloss Charlottenburg

Spandauer Damm 20–24

Die 1695 von König Friedrich I. für seine Gemahlin Königin Sophie Charlotte errichtete Sommerresidenz ist das älteste der preußischen Schlösser. Im 18. und 19. Jahrhundert wurden die Seitenflügel ergänzt, schöne Beispiele für die Architektur und das Kunstverständnis der Zeit. Der Neue Flügel stammt von Knobelsdorff, der Neue Pavillon (1834) ist ein Werk von Karl Friedrich Schinkel. Die Auffahrt flankieren die Stülerbauten, von dem einer die Sammlung von Heinz Berggruen beherbergt. Der Kunstsammler verließ Berlin 1933 und ging in die USA, dennoch stiftete er seiner Heimatstadt 69 Picassos sowie Arbeiten von Cézanne, van Gogh, Klee und Giacometti. Alle Gebäude stehen in einer Parkanlage, deren Gestaltung auf das Jahr 1697 zurückgeht. Heute ist sie das ganze Jahr hindurch bei den Anwohnern beliebt, die in der schönen Umgebung joggen oder spazieren gehen.

Berliner Style-Adressen

Schlafen • Essen • Trinken
Shopping • Raus aus der Stadt

Schlafen

Ebenso vielschichtig wie die Stadt ist auch die Palette an Unterkünften, die sie für ihre Gäste bereithält. Vom Hochhausturm im Hightech-Ambiente bis zur unkonventionellen Künstlerherberge, vom verspielten Gesamtkunstwerk bis zum durchgestylten Designobjekt – Berlins Domizile haben für jeden Geschmack und jeden Geldbeutel etwas zu bieten. In Würdigung der kreativen Blüte, die Berlin seit der Wiedervereinigung erfasst hat, spielt Kunst in allen Formen und Ausrichtungen auch in vielen Hotels eine tragende Rolle.

NICHT NUR IN DEN FLITTERWOCHEN

14 **Honigmond Garden Hotel**

10 Invalidenstraße 122

Zimmer ab 110 €

Dr. Carl Loyal strich in seinem ersten Hotel gerade die Wände, als der *Honeymoon Song* von den Beatles im Radio lief – so bekam die Herberge ihren Namen. Das Lokal im selben Haus an der Ecke Borsigstraße und Tieckstraße war einst ein beliebter Treffpunkt oppositioneller DDR-Politiker; Loyal hat es 1999 zusammen mit dem Hotel als stimmungsvolles Kaffeehaus-Restaurant zu neuem Leben erweckt. Als er ein Jahr später das heruntergekommene Gebäude mit dem verwilderten Innengarten an der nahen Invalidenstraße entdeckte, eröffnete er seine zweite Herberge, das Honigmond Garden Hotel: zwanzig Zimmer, sechs Gartenbungalows und drei Suiten, alle von Loyal persönlich gestaltet und eingerichtet. Sie bieten Komfort und das wunderbare Gefühl, zu Hause angekommen zu sein. Die entspannte Atmosphäre schlägt sich auch in der Tatsache nieder, dass die Getränke aus der Minibar in der Lounge nach dem Vertrauensprinzip bezahlt werden. Der Gastgeber wohnt selbst in dem Hotel, das Gebäude ist durchdrungen von seiner Liebe zu Gartenbau, Design und Kunst. Im wundervollen Garten leben Fische und Frösche in einem Teich, über den sich eine Brücke im japanischen Stil spannt. Loyal hat eindeutig eine Erfolgsformel gefunden: »Manchen Gästen gefällt es hier so gut, dass sie das Hotel während ihres Berlinaufenthalts gar nicht verlassen. Sie sitzen lieber gemütlich im Garten.«

GESAMTKUNSTWERK

14 Luise: Hotel + Künstlerheim

58 Luisenstraße 19

Zimmer ab 130 €

Christian Bree, ein ehemaliger Galeriebesitzer, und Mike Buller, früher Manager eines Musikclubs, taten sich 1995 zusammen, um ein Hotel zu eröffnen. Als Standort wählten sie ein verfallenes Gebäude im einstigen Ostberlin, das so heruntergekommen war, dass es sonst niemand haben wollte. Ihr enges Budget zwang die beiden, ihre Kontakte in Anspruch zu nehmen: Zwischen 1995 und 1998 stellten sie Zimmer für Zimmer befreundeten Künstlern als »jungfräuliche Leinwand« zur Verfügung. Dank einer ehrgeizigen Renovierung durch den Architekten Rainer Seiferth konnte das Luise 1999 in seiner heutigen Form als 47-Zimmer-Domizil eröffnen. »Es gibt keine zwei Zimmer, die sich gleichen, jedes wurde von einem anderen Künstler gestaltet«, erklärt Bree. Die Bandbreite reicht vom Kunststudenten bis hin zu etablierten Kunstschaffenden. »Wir sprechen auf der Suche nach Kandidaten für die Gestaltung der Zimmer im dritten Stock regelmäßig die Universität der Künste an. Wählen wir einen Studenten aus, erhält er ein Budget und fünf Prozent der Einkünfte des Zimmers, bis wir es wieder umgestalten lassen.« Allerdings zeichnen für die meisten Zimmer dann doch bekannte Namen. In ihnen zu übernachten kommt einer Lektion in zeitgenössischer Kunst gleich: Thomas Baumgärtel feierte hier 2003 seinen 43. Geburtstag und 20 Jahre Bananenkunst. Er ist der so genannte »Bananen-Sprayer«, der einst für seine Bananen-Graffiti auf den Fassaden angesehener Berliner Galerien verhaftet wurde; heute sind sie bei zeitgenössischen Galerien ein begehrtes Gütezeichen. »Seinen« Raum hat er natürlich mit fröhlich-gelben Bananen ausgeschmückt. In dem Zimmer, das der Produktdesigner und Bildhauer Jochen Schmiddem eingerichtet hat – er war an der Gestaltung der Kulissen für Stephen Spielbergs *Minority Report* beteiligt –, hängt eine provokative, verwirrende Skulptur von der Zimmerdecke herab. Elvira Bach, die seit über 40 Jahren künstlerisch tätig ist, hat an den Wänden »ihres« Raums Selbstporträts angebracht. Jedes Zimmer ist ein berauschendes Kunstwerk, in dem sich die Geschichte und die Ideen seines Schöpfers und die Kreativität der Stadt, in der er lebt, spiegeln.

HOTEL-LEGENDE

14

68

Hotel Adlon Kempinski

Unter den Linden 77

Zimmer ab 370 €

Die Geschichte des Adlon ist der Stoff, aus dem Legenden entstehen. Als Lorenz Adlon es 1907 eröffnete, befahl Kaiser Wilhelm II., dass kein Gast vor ihm das Hotel betreten dürfe. Die vornehme Adresse wurde schon bald das inoffizielle Gesandtenhaus des Kaiserreichs und Wochenendziel des hohen Adels. Seine Annehmlichkeiten – warmes Wasser, Gas, Elektrizität – verkörperten damals nahezu unvorstellbaren Luxus, der prominente Gäste anlockte, darunter Rockefeller, Edison, Ford, Charlie Chaplin und Marlene Dietrich. Greta Garbo flüsterte hier bei den Dreharbeiten für den Film *Grand Hotel,* der auf der Geschichte der Nobelherberge basiert, ihr berühmtes »Ich möchte allein sein«. 1921 übernahm der Sohn des Gründers, Louis, das Hotel. Unter seiner Leitung gelang es dem weltoffenen Haus, eine neutrale Atmosphäre zu bewahren – es wurde »Berlins kleine Schweiz«. Im Zweiten Weltkrieg diente das Gebäude als Hospital. Doch dann schlug der Schicksalstag für das Adlon: Am 2. Mai 1945 brach ein Brand aus. Das Gebäude, das alle Verwüstungen des Krieges überstanden hatte, brannte in dieser Nacht bis auf einen Flügel völlig aus.

Der Niedergang des Adlon setzte mit dem Kommunismus ein. Die Regierung wandelte das Symbol kapitalistischer Dekadenz schlechthin zunächst in ein Lehrlingshospiz um. 1984 riss man schließlich den noch erhaltenen Flügel ab. Der Wiederaufbau war ein optimistisches Zeichen der Zeit – im August 1997 wurde das wieder auferstandene Hotel feierlich von Bundespräsident Roman Herzog für eröffnet erklärt. George Bush sen. und jun., der Dalai-Lama, Michail Gorbatschow, Peter Ustinov, Claudia Schiffer und ungezählte andere bekannte Namen waren seither im Adlon zu Gast. Das vornehme Hotelensemble umfasst 302 Zimmer und 73 Suiten, zwei Restaurants, eine große Fitness- und Wellnessanlage, zwei Wintergärten und etliche Konferenzsäle. Auf Anfrage steht Gästen ein privater Butler zur Verfügung. Eine Berliner Ikone ist auch das hoteleigene Restaurant Felix, gestaltet von Anne Maria Jagdfeld (Innenarchitektin des Kempinski Heiligendamm, s. S. 183), in dem Marco Fossati die Gäste mit edlen italienischen Köstlichkeiten verwöhnt.

LICHT UND RAUM

14 **Dorint am Gendarmenmarkt**

63 Charlottenstraße 50–52

Zimmer ab 240 €

Harald Klein und Bert Haller sind die kreativen Köpfe hinter dem Stilkonzept dieses Dorint-Hotels. Die Aufgabe für das Innenarchitektenduo aus Mönchengladbach war herausfordernd: an Berlins eindrucksvollstem barocken Architekturensemble ein zeitgemäßes Designhotel zu gestalten. Unter der Leitung von Tini Gräfin Rothkirch experimentierten Klein und Haller mit Lichteffekten, um eine Stimmung und Atmosphäre für das Luxusdomizil zu kreieren, die kultiviert-kühl und einladend zugleich wirkt und ebenso die geschichtsträchtige Umgebung respektiert. Die Böden der 92 Zimmer und Suiten sind aus edlem schwarzem und weißem Marmor, die Badezimmer wirken durch Mattglastüren und Spiegel hell und groß. Dem Delphinium-Konferenzsaal verleihen Lichtfliesen und schnittig-schlanke Lüster eine futuristisch anmutende Ästhetik. In dem erfrischend einfallsreich gestalteten Fitnessclub steht neben den Hightech-Geräten ein sandfarbenes Ledersofa auf dunklen Holzdielen. Eine überdachte Terrasse wurde zur Wellnessoase, wo die Farbtherapie im Entspannungsbereich die Wirkung von Sauna, Dampfbad und Tauchbecken noch erhöht. Jede Ruheliege ist mit einem individuellen Musiksystem ausgestattet. Für das leibliche Wohl sorgt das Restaurant Aigner (s. S. 38).

SHOWER
CAP
ADA GmbH
D-77677 Kehl

URBANE OASE

14 **Madison**

72 Potsdamer Straße 3

Zimmer ab 120 €

Eine Insel meditativer Ruhe, diskret versteckt im Herzen der kühnen Architektur des Potsdamer Platzes, ist der Wirklichkeit gewordene Traum von Lutz Hesse und Christian Andresen. Nach Lehr- und Wanderjahren in Hotellerien in Deutschland, der Schweiz und Kalifornien beschlossen die beiden, sich selbstständig zu machen, und eröffneten 1997 in der Friedrichstraße die Madison Suites. Der Erfolg dieser unaufdringlich-klassischen Business-Apartments ließ das Duo 1999 einen ambitionierten Schritt in Richtung Designhotel wagen: Sie hoben ihr zweites Etablissement, das Madison Potsdamer Platz, aus der Taufe. Andresen ist verantwortlich für die kaufmännische Seite der Partnerschaft, während Hesse sich um die ästhetischen Aspekte kümmert. »Für mich steht das Detail im Mittelpunkt«, erklärt er. »Dieses Hotel ist Ausdruck meiner Vision, und die entwickelt sich ständig weiter. Was Sie hier im Madison sehen, ist ein im Entstehen begriffenes Werk.« Und was für ein Werk: die QIU-Lounge im ersten Stock (s. S. 157), das michelinbesternte Facil (s. S. 140) mit Gartenterrasse auf der fünften Etage, ein Wellnessbereich auf dem Dach mit herrlichem Blick auf die Skyline postmoderner Neubauten, sich drehender Kräne und die wechselnden Lichtstimmungen vom Sony Center gegenüber. Hesse hat ganz offensichtlich Freude an seiner Arbeit, und diese positive Haltung strahlen auch Hotel und Personal aus. Zweimal pro Woche steht Hesse um vier Uhr morgens auf, besorgt Blumen direkt vom Markt und fertigt persönlich alle Blumenarrangements an. Schwarz-Weiß-Bilder von Ellen Auerbach schmücken die Wände der 166 Suiten, und die Zimmer sind mit neuesten DVD-Geräten und Plasmabildschirmen hochmodern ausgestattet. All das harmoniert auf das Vollkommenste mit der Glasfassade des elfgeschossigen Gebäudes der Architekten Lauber & Wöhr. Hier fließt puristisch asiatische Ideologie in transparent-reine, in klaren Linien gestaltete Wohn(t)räume ein, in denen erschöpfte Reisende ganz sicher Ruhe und Erholung finden werden.

KUNST AM BETT

88 **Propeller Island City Lodge**

40 Albrecht-Achilles-Straße 58

Zimmer ab 80 €

1986 trat das ursprüngliche Konzept von Propeller Island erstmals in das Bewusstsein der Öffentlichkeit. Damals ließ der gebürtige Berliner Lars Stroschen *Propeller Island* als geschützte Bezeichnung für seine vielfältigen Musik-, Kunst-, Elektronik- und Textprojekte eintragen, die ihn in Berlins lebhafter Szene für Untergrundkultur bereits zu einer berühmt-berüchtigten Persönlichkeit gemacht hatten. 1993 nahm das Propeller Island mit der City Lodge physische Gestalt an. Stroschen setzte hier seine Vision um, ein lebendiges, bewohnbares Kunstobjekt zu erschaffen. Als eine riesige Leinwand, die mit den Ideen ihres Inhabers wächst, erstreckt sich die City Lodge über drei Etagen und 45 Zimmer, die alle einzigartig und häufig das Werk des Gastgebers sind. Man ermutigt die Gäste, vor ihrem Besuch die Internetseite des Hotels zu besuchen und sich eines der Zimmer, die dort in einer kleinen Diashow vorgestellt werden, auszusuchen. Die Auswahl verwirrt und beeindruckt, die künstlerische Vision wird in den vielen Bildern greifbar: Das *Orange Zimmer* will mit einer von Zitrusfrüchten inspirierten Farbpalette seine Bewohner in eine sonnige Stimmung versetzen. Die bunt reflektierenden hundert nordischen Runen im *Forest* verwandeln sich im Morgengrauen in tanzende Lichter, und der in helle Blautöne getauchte *Space Cube* lockt mit technischen Spielereien. Einige der Zimmer sind für Abenteuerlustige auf der Suche nach extremeren Übernachtungserlebnissen gedacht: Das Zimmer *Knast* – komplett mit Toilette im Raum und Fluchtloch in der Wand – ist die ironische Version einer daliesquen Gefängniszelle. Im *Upside Down* hängen Möbel an der Decke. Als lebendiges, in ständiger Entwicklung begriffenes Gesamtkunstwerk werden die Zimmer häufig umgestaltet. Um sicherzustellen, dass kein Sinn unbetört bleibt, komponiert und programmiert Stroschen eigens für sein Hotel auch Musik.

TRAUMWELTEN, DIE GRENZEN SPRENGEN

88 **Q!**

21 Knesebeckstraße 67

Zimmer ab 150 €

Das 2004 eröffnete Q! ist die Idee von Hotelier Wolfgang Loock. Er beauftragte GRAFT, das Berliner Architektentrio mit Büro in Los Angeles, mit einem Gebäudeentwurf, der Raum und formelhaften Gebrauch von Bausubstanz ideenreich und praxisorientiert ausloten sollte. Das Ergebnis ist ein durchgestyltes Interieur, dessen facettenreiche Flächen den Begriff Hotelzimmer neu definieren. Schräge Wände werden zu Möbellandschaften, Badewanne und Bett teilen sich als integrale Bestandteile der Raumarchitektur einen gemeinsamen Block. Ziel von Thomas Willemeit, Lars Krückeberg und Wolfram Putz, die bereits für den Schauspieler Brad Pitt gearbeitet haben, ist, dass ihre »Kokonzimmer« ein Gefühl von »Umhülltsein« erzeugen. Die Farben im Q! passen zu Berlin: Rottöne tauchen die Wände und Böden in der Bar in warmes Licht, Straußenlederimitat steuert eine exotische Note bei, Schiefer und dunkles Holz sorgen für das Gegengewicht. Loock hat das Konzept der exklusiven Privatclub-Bar, das in London und New York als Inbegriff der Hipness gilt, in der Hausbar des Q! reproduziert: Sie steht nur bis 18 Uhr Besuchern offen, danach ausschließlich Hotelgästen und Clubmitgliedern. Für die Bar importierte der Hausherr Ben Reed, den ehemaligen Geschäftsführer der so erfolgreichen exklusiven Met Bar im Londoner Metropolitan Hotel, und ließ sich von ihm bei der Zusammenstellung von Cocktail- und Getränkekarten beraten. Zu den ausgezeichneten Drinks reicht man Kleinigkeiten, und eine wechselnde Runde von DJs sorgt für die akustische Kulisse. Unter den Zimmern und der Partyzentrale liegt der unterirdische Wellnessbereich. Sensationeller Höhepunkt: der Sandraum, in dem heißer Sand auf den Böden für konstante körpertemperaturnahe Wärme sorgt. Ein Energiestoß für das Immunsystem! Hinzu kommt die exklusive Japanese Washing Zone, wo stadtmüde Füße mit warmem Wasser und ätherischen Ölen verwöhnt werden, Saunen, Solarien und Massageangebote. Das Q! sprengt die Grenzen des bisher bekannten Designhotels und setzt neue Maßstäbe.

ZEN-WINTERGARTEN

88 **Hotel Brandenburger Hof**

25 Eislebener Straße 14

Zimmer ab 250 €

Eine prunkvolle Fassade mit Doppelflügeltür verbirgt die Funktion des Gebäudes als einstiges Mietshaus und als intimes Hotel, als das es heute dient. Aus dem an einer grünen Wohnstraße gelegenen Haus entstand 1991 eines der diskretesten Hotels der Stadt. Sein Inneres wartet mit einer Reihe von Überraschungen auf. Die Besitzerin Daniela Sauter beauftragte ihren Bruder, den Architekten Peter Sauter, die ehemaligen Wohnungen umzugestalten. Er schuf ein 82-Zimmer-Hotel mit Gourmet-Restaurant (Die Quadriga), Pianobar, Bibliothek und Wellnessbereich. Durch die Zusammenarbeit mit dem japanischen Architekten Kenji Tsuchiya ist eine raffinierte Mischung entstanden, in der sich modernes europäisches Design harmonisch mit traditionellen asiatischen Farben und Formen und fernöstlichem Stil verbindet. Am offensichtlichsten ist diese Verschmelzung in dem wunderbaren, Zen-inspirierten Wintergarten mit seinen Zitronenbäumchen, Wasserbecken und frei fliegenden Finken. Ein Ikebana-Meister ist für die täglich frisch gesteckten Blumenarrangements zuständig. Der Wintergarten dient als Frühstückszimmer, wo ein wahres Festmahl an warmen und kalten Speisen, darunter ein unwiderstehliches Birchermüesli, aufgefahren wird. Gleichzeitig ist der Wintergarten die Eingangslounge des Restaurants mit Michelinstern-Ehren. Hier kochte Wolfgang Nagler zu Höchstform auf; seit er 2004 nach München wechselte, hat Bobby Bräuer, früher im Düsseldorfer *Victorian* tätig, den Löffel in der Hand. Er reicht klassische französische Küche auf KPM-Porzellan (s. S. 36) mit Besteck von Robbe und Berking in einem kirschholzgetäfelten Speisesaal mit Holzstühlen, die nach einem Entwurf von Frank Lloyd Wright von 1904 speziell für das Restaurant angefertigt wurden. Designklassiker finden sich überall im Hotel: Stühle von Le Corbusier und Mies van der Rohe, Wagenfeld-Lampen und an den Wänden limitierte Drucke von Ernst Fuchs, Bruno Bruni und Claude Gaveau. Im Brandenburger Hof haben die Sauters einen selten erreichten Zustand kultureller Harmonie erschaffen, der friedvoll und zugleich belebend ist.

MINIMALISTISCHES UNDERSTATEMENT

88 **Ku'Damm 101**

41 Kurfürstendamm 101

Zimmer ab 120 €

Das visuelle Thema im Ku'Damm 101 ist ein Minimalismus, der sich schon im Namen des Hotels spiegelt, der die verkürzte Form seiner Adresse wiedergibt. Das Gebäude wurde vor zehn Jahren von Eyl, Weitz, Würmle & Partner geplant und stand zunächst leer, da Roman Sklobo noch überlegte, was er damit tun sollte. Bevor er sich schließlich für das Hotelprojekt entschied, sicherte er sich für die Innengestaltung die Zusage von Kessler + Kessler, dem Designerehepaar, das auch für die Ästhetik der anderen drei Berliner Hotels von Sklobo (Savoy, Bleibtreu, s. S. 93, und Berliner Hof) verantwortlich zeichnet. In Anlehnung an die Theorie des Schweizer Architekten Le Corbusier, die besagt, dass Harmonie in den Grundfarben eines Gebäudes das Wohlbefinden und die Stimmung seiner Bewohner hebt, griff Franziska Kessler das durchgehende Motiv der anderen Berliner Sklobo-Hotels auf. Sie begann mit einer einzigen Grundfarbe, in diesem Fall Grau in hellen und dunklen Schattierungen. Zu den hellen grauen Kunststoffböden und dunkler schattierten Wänden in den öffentlichen Räumen schuf sie gewitterwolkengraue Säulen. In Erweiterung der Idee wies Kessler jedem Stockwerk eine eigene Palette an Farben zu, die sie eigens bei kt.COLOR bezog, der Schweizer Firma, die in Lizenz die originalen Pigmentfarben von Le Corbusier herstellt. Die Zimmerwände bleiben bar jeder Kunst, stattdessen stehen in jedem Raum Möbel junger deutscher Designer und ein Stuhl aus der Serie 7 von Arne Jacobson. Das Lemongras Design Studio aus München lieferte die Schränke und hochmoderne Tische mit Laptop-Auszug. Tagsüber hat man von den Frühstücks- und Konferenzräumen im siebten Stock einen umwerfenden Blick auf die Stadt, nicht minder umwerfend sind die nächtlichen Perspektiven in der verwinkelten limonengrünen Lounge Bar im Parterre.

Essen

Berlin bietet eine überwältigende kulinarische Vielfalt. Stolz verteidigen Gourmetlokale der Extraklasse Jahr für Jahr ihre Gault-Millau-Hauben. Sushi und Curry, Bagels und Tapas, koschere und vegetarische Leckereien locken in friedlicher Koexistenz die Liebhaber multikultureller Küche an. In den unzähligen türkischen Imbissen duftet es appetitlich nach Knoblauch und frischem Fladenbrot. Doch bei all der Vielfalt sollte man die klassische deutsche Küche nicht unterschätzen, die in jahrhundertelanger Tradition verfeinert wurde und in den letzten Jahren durch internationale Einflüsse kreative neue Wege beschreitet.

UNTER DEN GLEISEN

14 **Wein Guy**

57 Luisenstraße 19

Hartmut Guy hat schon längere Zeit einen Namen in der Branche: Sein erstes Gasthaus war das Gasthaus am Weiner in Freudenberg, sein zweites ein französischer Gourmetpalast unweit vom Gendarmenmarkt. Der Erfolg ebnete den Weg für die Eröffnung von Wein Guy im Jahr 2002. Guy schuf in dem Raum unter den Bahngleisen ein mit Backstein verkleidetes Gewölbe, das sich unter zwei Bögen hinzieht. Die Ode an den Wein umfasst mehrere Räumlichkeiten: das Kulinarium, den Weinbogen, den Weinkeller für geschlossene Gesellschaften und den Weingarten für schöne Sommerabende. In allen vier Bereichen wird die mediterran inspirierte deutsche Küche von Norman Donner serviert. Am Nachmittag öffnet die Weinhandlung, die bis in den Abend hinein auch für den Dinnergast offen bleibt, der sich gegen ein Korkgeld die Flasche seiner Wahl bei Tisch kredenzen lassen kann. Die Auswahl umfasst knapp 1500 Weine, 60 davon offen. Chefsommelier Mike Talabudzinow ist stets bereit, sie alle zu erläutern.

IM WANDEL DER ZEIT

58 **Café Adler**

2 Friedrichstraße 206

Die Geschichte des ältesten Gebäudes von Kreuzberg reicht bis in das 17. Jahrhundert zurück – damals war es eine Apotheke mit dem Namen Adler. Angelika Böhm eröffnete hier das Café Adler im Jahr 1988, und so blickte das Lokal noch ein paar Monate lang auf den Checkpoint Charlie und die Mauer. Die kostbare Innendekoration blieb unangetastet, und die Originalausstattung im hinteren Speisezimmer – mit den ursprünglichen Böden, Tapeten und Deckenverzierungen – wird sogar durch ein Rauchverbot geschützt: Raucher werden gebeten, sich im Vorderzimmer niederzulassen. 2002 haben Nicola Brosch und Silke Meister, zwei Mitarbeiterinnen von Angelika Böhm, das Lokal übernommen, sonst aber ist alles beim Altbewährten geblieben. Das Adler ist nach wie vor bekannt für köstliche Kuchen, schmackhafte Suppen und Deftiges wie geröstete Maultaschen.

DIE WIEGE DES SEKTES

14 Lutter & Wegner

61 Schlüterstraße 55

Das Wort, das für Schaumweine aller Art steht, wurde hier geboren: Nach einem Auftritt in einem Shakespeare-Stück am Schauspielhaus im Jahre 1825 kam Ludwig Devrient und verlangte vom Ober einen »sack« – ein shakespearescher Ausdruck für Sherry. Dieser verstand die Anspielung nicht, aber da er die Vorliebe des Schauspielers für Schaumwein kannte, brachte er ihm ein Glas vom »Üblichen«. Ein paar Stunden und Gläser später war aus dem »sack« der Name für den Champagner des armen Mannes geworden: Sekt. In den Goldenen Zwanzigern tranken hier Josephine Baker und Marlene Dietrich. Heute gehört das 1997 wieder eröffnete schicke Etablissement mit Weinhandlung Josef Laggner. Es ist *der* Ort am Gendarmenmarkt, um zu sehen und gesehen zu werden. Lutter & Wegner serviert deutschen Sekt und deutsche Cuisine in Räumen, die wie eine Wein- und Spirituosenbibliothek wirken. Wiener Schnitzel und Kalbsgulasch werden von täglich Wechselndem aus der Region wie Rehragout oder Brandenburger Landente ergänzt.

OH, LÀ, LÀ!

88 **Paris Bar**

27 Kantstraße 152

Jede Metropole hat eine Location, wo sich »Superstars« – echte wie selbst ernannte – einfinden, wenn sie in der Stadt weilen. Seit ihrer Eröffnung in den Sechzigerjahren ist die Paris Bar der Berliner Treff von Stars und Sternchen – im Winter an der Theke, im Sommer auf der schönen Terrasse. In Innern verrät ein graviertes Namensschild an der Bar, wo Otto Sanders am liebsten sitzt. Kunstwerke von Habitués schmücken die Wände (oft erworben im Tauschhandel »Kunst für Trunk«). Die Karte wartet mit französischer Bistrokost auf, ergänzt um Steaks, Suppen und Kleinigkeiten für zwischendurch. Die knusprigen Pommes frites, die zu Fleischgerichten serviert werden, trugen der Bar ihren Beinamen »beste Frittenbude der Stadt« ein. Aber es sind weniger die Sensationen auf dem Teller als vielmehr die im Restaurant, die die Paris Bar zu dem machen, was sie ist. Inhaber Michel Würthle hat nebenan den bistroartigen Ableger Le Bar du Paris Bar eröffnet, wo man nicht Wochen im Voraus reservieren muss. Aber das ist natürlich kein Ersatz fürs Original …

SCHLEMMEN IN BORDEAUX

88 **Weinrot**

2 Savoy Hotel, Fasanenstraße 9–10

Nach einer Verjüngungskur durch das Kreativbüro Kessler + Kessler (s. auch S. 125) ist das Restaurant Weinrot im Hotel Savoy glanzvoll auferstanden. In Anlehnung an die Hausfarbe des Hotels haben Franziska und Daniel Kessler als beherrschende Farbe ein tiefes Rot gewählt. Das Dekor ist opulent: Kristalllüster, plüschige rote Samtstühle und goldene Polsterbänke kontrastieren mit der denkmalgeschützten Glasfassade und dem hellen Parkettboden. Die Gemälde des Berliner Kunstprofessors Horst Hirsig schaffen eine zeitgemäße Atmosphäre. Im Restaurant finden 60 Gäste Platz, im Salon Belvedere weitere 20. Stefan Förster kocht international mit französischen Anklängen, geschmolzene Ziegenkäse auf Blattsalaten oder Rindermedaillons mit Meerrettichkruste kommen liebevoll angerichtet auf die Teller, dazu wählt man einen der edlen Weine. Später kann man an der Times Bar eine der Zeitungen aus aller Welt lesen oder in der Zigarrenlounge Casa del Habano kubanische Zigarren genießen.

DAMIENS ENTE

14 **Maxwell**

9 Bergstraße 22

Das Maxwell war einmal ein kleines Lokal in Kreuzberg, musste dort schließen, zog nach Wilmersdorf um, wurde aber auch da nicht lange geduldet. Aber nun scheint es, als hätte das Maxwell endlich eine Heimat in der Rosenthaler Vorstadt gefunden: in der ehemaligen Josty-Brauerei. Die Belohnung nach den schwierigen Jahren: Das Maxwell hat sich zu einem elegant-kultivierten Restaurant auf zwei Etagen gemausert, in dem ohne Reservierung gar nichts geht. Die jungen, hellen Köpfe der Berliner Szene, die sich hier von Uwe Popalls edler Fusion-Cuisine verwöhnen lassen, sind hip und betucht. Auch Promis schätzen den diskreten Service des Hauses: Joschka Fischer und Herbert Grönemeyer wurden schon gesichtet. In einem separaten Speisesaal im ersten Stock ist eine kleine, aber feine Sammlung von Werken des Avantgarde-Künstlers Damien Hirst untergebracht. Dementsprechend ist die Spezialität des Hauses »Ente à la Damien Hirst« auf schwarzer Pfeffersauce mit Gemüsen im Brickteig.

SO SCHÖN IST ÖSTERREICH

88 Ottenthal

28 Kantstraße 153

Ein Stückchen Österreich im Herzen von Berlin: Das war Arthur Schnellers Traum. Mit einem kleinen Altar für Mozart und Teilen einer alten Kirchturmuhr aus seinem Heimatort Ottenthal hat er ihn in diesem herrlichen österreichischen Restaurant wahr gemacht. Ottenthal ist bekannt für seine Weinberge, und so ist es nur folgerichtig, dass Schneller parallel zum Restaurantbetrieb auch Weine aus seiner Heimat verkauft. Inzwischen bringt er es auf beeindruckende 250 Tropfen aus 16 österreichischen Anbaugebieten. Die kulinarische Hommage an die Heimat bringt zum Beispiel köstlichen Tafelspitz mit Rösterdäpfeln, Cremespinat, Schnittlauchsauce und Apfelkren hervor. Und natürlich darf das klassische Wiener Schnitzel nicht fehlen, das hier ganz traditionell serviert wird – nicht mit Pommes frites, sondern mit »Erdäpfelsalat«.

C'EST BON, C'EST BON

76 Storch

6 Wartburgstraße 54

Eine Schöneberger Institution. Volker Hauptvogel, früher Inhaber des berühmt-berüchtigten Pinguin Club (gleich nebenan), eröffnete sein Elsässer Lokal 1988. Ein bunt gemischtes Publikum sitzt an den langen Holztischen unter alten Emailschildern und studiert die liebevoll handgeschriebene Tageskarte. Hauptvogel verwendet ausschließlich Produkte aus der Region und zaubert daraus gourmetverdächtige Spezialitäten, seien es Hechtschaumklößchen oder Perlhuhnbrust mit Cognacsauce. Einige Klassiker sind immer zu haben, so das elsässische Sauerkraut mit Schäufele und natürlich der berühmte Flammkuchen vom Brett – auch in der süßen Variante mit Äpfeln und Calvados erhältlich. Die nicht sehr umfangreiche, aber hervorragend zusammengestellte Weinkarte umfasst deutsche und französische Kreszenzen, natürlich mit Schwerpunkt auf elsässischen Weinen; die Hausweine stammen von André Dock aus dem elsässischen Heiligenstein. Der freundliche Service empfiehlt zu jedem Gericht den passenden Tropfen.

KLASSISCHE PERFEKTION

88

Alt Luxemburg

43 Windscheidstraße 31

Schon seit über 20 Jahren steht Karl Wannemacher in der Küche seines Restaurants, das er dem kleinen Beneluxland widmete. Seine ganze Energie und Kreativität steckt er in fantasievolle, handwerklich perfekte kulinarische Höhenflüge. Seit vielen Jahren würdigt der Gault Millau sein Engagement mit Höchstnoten, zuletzt mit 17 von 20 möglichen Punkten. 1997 wurde Wannemacher in die Riege der Berliner Meisterköche aufgenommen. Zu den vornehmlich deutschen Kreszenzen auf der Weinkarte bereitet er französische Cuisine und gelegentlich Speisen aus den Beneluxländern, die er stets eigenwillig und innovativ interpretiert. Räucheraalterrine mit Meerrettich, Kalbstafelspitz mit Kernöl oder Mönchsfisch in Safransauce sind nur einige Beispiele für seine wunderbaren Variationen traditioneller Rezepte. Zum Abschluss des Gaumenfestes schwebt man auf einer Wolke köstlichster Desserts – Soufflés, Petits Fours und Fruchtvariationen – dem kulinarischen siebten Himmel entgegen.

KÖSTLICHE AUSSICHT

Hugos

2 Hotel Intercontinental, Budapester Straße 2

Das etwas angestaubte Restaurant Zum Hugenotten im Erdgeschoss des Hotel Intercontinental unterzog sich einer spektakulär erfolgreichen Verjüngung: 2003 zog das Lokal 14 Stockwerke himmelwärts und wurde vom Architekten Axel Schulschenk als Hugos neu erfunden. Entstanden ist ein einer Metropole würdiges, in Erdtönen gehaltenes Restaurant mit großformatigen Fotoarbeiten an den Wänden – und der schönsten Aussicht über die Hauptstadt, die man sich vorstellen kann. Chefkoch Thomas Kammeier, der noch heute Wolfgang Dubs von der Rotisserie Dubs in Worms als seinen Mentor bezeichnet, leitet die Küche des Restaurants bereits seit 1998. Der Gault Millau würdigt sein kulinarisches Können mit 17 Punkten. Kammeiers Kreationen mit mediterranem Pfiff, zu denen eine gute Anzahl von Fischgerichten gehört, sind leicht und frisch. Sollte es Ihnen wider Erwarten doch einmal gelingen, den Blick von den liebevoll angerichteten Speisen zu lösen, werden Sie mit einem grandiosen Panoramablick vom Brandenburger Tor bis zum Potsdamer Platz belohnt.

14 Dachgarten – Käfer im Bundestag

67 Reichstag, Platz der Republik 1

Der neu gestaltete Reichstag ist ein stolzes Symbol der deutschen Einheit. Paul Wallot errichtete das Gebäude 1884–1894. Damals konnte er nichts von dem Schicksal ahnen, das sein Bauwerk ereilen und in der Zerstörung der Kuppel im Zweiten Weltkrieg seinen traurigen Höhepunkt finden würde. Hundert Jahre später bat man Sir Norman Foster, Gebäude und Kuppel für die Legislative des wieder vereinigten Deutschland zu restaurieren. Fosters Entwurf schuf die berühmte Glaskuppel, in der Besucher eine Fußgängerspirale nach oben laufen und die Aussicht über Berlin genießen können. Die Kuppel zählt zu den touristischen Highlights der Stadt, doch das Lokal in einem Hightech-Glaskasten direkt daneben ist nur wenig bekannt. Zwei Eigenschaften machen es besonders anziehend: die Feinschmecker-Cuisine und die obligatorische Reservierung, die es erlaubt, die Schlange derer zu umgehen, die warten, um die Kuppel zu besichtigen. Für den Besuch empfiehlt sich die Mittagszeit: Die Küche ist nämlich nicht annähernd so inspiriert wie die Architektur, und man hat bei Tag mehr von der grandiosen Aussicht.

HERZHAFT UND GUT

88 Florian

29 Grolmannstraße 52

Ute Gilow und Gerti Hofmann (ihnen gehört auch der Floriansgarten an der Monumentenbrücke in Kreuzberg) sind das Dream-Team, das eines der beliebtesten Berliner Insiderlokale führt. Das Stammpublikum aus Promis und Künstlern diskutiert beim Essen munter und lautstark über Tratsch und Politik – besonders lebhaft geht es während der Berlinale zu. Die Künstler unter den Gästen (unter ihnen Jens Jensen, Professor an der Kunsthochschule) stiften immer wieder Werke für die stetig wachsende Kunstsammlung an den Wänden. Die »veredelte Hausmannskost« der beiden Damen ist legendär. Die Speisekarte wechselt häufig, herzhaft Traditionelles – wie Schweinebraten, Tafelspitz, saure Nierchen und Nürnberger Rostbratwürstchen – ist typisch für das Angebot. Dazu gibt es eine kleine Weinauswahl, aber auch das Köstritzer Schwarzbier passt hervorragend zu den deftigen Gerichten.

GUTES AUS TRADITION

88 Lubitsch

16 Bleibtreustraße 47

Inhaber der 1914 gegründeten Berliner Institution Lubitsch sind Küchenchef Florian Maria Schymczyk und Kunsthändler Volker Diehl. Schymczyk war auf dem Radar der Gourmetfraktion schon einmal aufgetaucht: Fünf Jahre hatte er die Kochlöffel in der Küche des Golf und Country Club geschwungen. Heute beglückt Schymczyk seine Fans mit deutscher Küche, die er mit internationalen Einflüssen veredelt (13 Punkte im Gault Millau). Er serviert Schweinebraten mit Kartoffelschnee und Specksauce, Königsberger Klopse oder Perlhuhnbrust. Ein treuer Gaumen ist Bundeskanzler Schröder, der ihn immer wieder für Dinnerpartys anheuert. Weitere namhafte Freunde von Schymczyks Kochkunst sind Prinz Charles, der Kunstsammler Gruneberg und (der inzwischen verstorbene) Helmut Newton. Diehl betreibt auch eine Galerie in Mitte, er ist für die Kunst an den Wänden des Lubitsch verantwortlich. Das Restaurant ist – natürlich – nach Ernst Lubitsch benannt, der in dieser Straße wohnte, bevor es ihn 1945 nach Hollywood zog.

ANGESAGTER ITALIENER

58 **Brot und Rosen**

32 Am Friedrichshain 6

Peter Klanns Ruf als Meister italienischer Speisen gründet auf Mundpropaganda. Selbst Bundeskanzler Schröder lud den britischen Premier Tony Blair ins Brot und Rosen ein, als dieser auf Staatsbesuch in Berlin weilte. In einer Stadt, in der es von italienischen Lokalen nur so wimmelt, besteht das gewisse Etwas, das Klann von den anderen unterscheidet, darin, dass er alles selbst macht: Seine Zutaten bezieht er ausschließlich bei Erzeugern, die er persönlich kennt und denen er vertraut, und seine Öle stellt er selbst her. Das Interieur ist schnörkellos schlicht, weiß mit gelegentlichen Zitaten preußischer Pracht, die sich vor allem in Kranzgesimsen und Ornamenten niederschlagen. Sie stehen in hartem Kontrast zu den von Klann ausgewählten modernen Déco-Fotodrucken. Das Restaurant profitiert von der Aussicht auf den reizvollen Volkspark Friedrichshain (s. S. 72), der nach dem Essen eine willkommene grüne, ruhige Abwechslung zum hippen Szenevolk bildet, das sich in den warmen Monate auf der Terrasse drängt.

DIE KUNST DES SPEISENS

14 **Engelbrecht**

55 Schiffbauerdamm 6/7

Kulinarisches Können und die Liebe zur Kunst sind zwei ihrer Leidenschaften, denen Florian und Jennifer Schüßler im Engelbrecht Gestalt verliehen haben. Florian Schüßler lernte im berühmten Hannoveraner Restaurant Clichy, als er Jennifer traf. Über London und Paris kamen die beiden 1997 nach Berlin, um einen Neuanfang zu wagen. Der Architekt Ascan Tesdorpf, der auch am Ku'Damm 101 (s. S. 124) mitwirkte, beließ den dunklen Holzboden im Urzustand – er war aus dem legendären Vorgängerlokal Zum Trichter erhalten geblieben. Die Wände bemalte Tesdorpf in hellen und dunklen Tönen. Man speist in einem von zwei Räumen: dem hinten gelegenen Grützke-Zimmer, das ein Porträt von Johannes Grützke ziert (es zeigt Jennifer und Florian Schüßler, Florians Großvater Emil und Johannes Grützke selbst), oder dem Schröter-Zimmer (nach der Leipziger Malerin Annette Schröter) mit Blick auf die Spree. Auf Schüßlers immer neuer Karte entdeckt man Seebarben-Rollmops mit geschmortem Fenchel oder ein Ziegenkäsegratin auf Chicorée.

JUNGES KOCHGENIE

14 Facil

74 Madison Hotel, Potsdamer Straße 3

Michael Kempf ist der jüngste Küchenchef mit Michelinstern in Deutschland; auch der Gault Millau würdigt sein außergewöhnliches Kochtalent mit 16 Punkten. Der 27-jährige ist ein kulinarischer Architekt in einer seiner Fähigkeiten würdigen Umgebung: Das Hausrestaurant des Madison (s. S. 116) liegt auf der fünften Etage des von Lauber & Wöhr entworfenen Gebäudes. Der frei stehende Glasquader ist von einer immergrünen Terrasse umgeben, an lauen Sommerabenden werden die großen Schiebetüren und das Dach geöffnet. Auf honigfarbenen Steinböden stehen, matt polierte Mahagonistühle von Donghia mit Polstern in hellen Naturtönen. Kempf bietet neben den Gerichten von der Karte ein Menü mit wahlweise vier oder sieben Gängen an. Ob Foie gras mit Trüffeln, Pinienkernen und Apfel-Koriander-Confit, marinierte Kamm-Muscheln mit Melone und Minze oder Wildbret-Variationen, das Facil ist einer der schönsten und lohnendsten Orte in Berlin für ein unvergessliches Dinner-Erlebnis.

KANTINE? KANTINE!

58 **Sale e Tabacchi**

5 Kochstraße 18

Eine Kantine – aber was für eine! Als sich die »taz« entschloss, ihre Betriebskantine im Rudi-Dutschke-Haus zu verpachten, griff Piero de Vitis zu und eröffnete sein zweites Restaurant. Zur Mittagszeit speisen im Sale e Tabacchi nach wie vor die taz-Angestellten, zu denen sich Geschäftsleute aus den Büros in der Umgebung gesellen. Seinen guten Ruf – den es mit de Vitis' anderen Lokalen, der Osteria No. 1 und dem Malatesta (s. S. 36), teilt – verdankt das Restaurant der unprätentiösen, frisch zubereiteten italienischen Küche. Der Schweizer Architekt Max Dudler entwarf das Interieur, das elegant und entspannt zugleich ist. Die Terrasse mit Zitronenbäumen ist überdacht. Eine clevere Fotowandmontage von Wilmer König, die das leere Restaurant zeigt, sorgt für einen raffinierten Raumeindruck. De Vitis legt Wert auf Details: Seinen Kaffee namens »Andreatrinci« bezieht er bei einer kleinen Rösterei, die ihre Bohnen über Akazienholz röstet und ihnen damit ein ganz besonderes Aroma verleiht.

Trinken

Keine andere Stadt in Deutschland bietet eine so junge, aufregende, bewegte Szene an Cafés, Bars, Kneipen und Clubs wie Berlin. Bereits in den Goldenen Zwanzigern erwarb sich Berlin den Ruf eines Sündenbabels; die intellektuelle Boheme vergnügte sich Nacht für Nacht in Cafés, Kabaretts und Varietés, ohne moralische Zensur und ohne Sperrstunde. Auch heute kann man die ganze Nacht durch die Stadt ziehen, von der traditionellen Berliner Eckkneipe in das angesagte Künstlercafé, von der coolen Bar in den neuesten Club. Die Szene erfindet sich ständig neu, und was heute in ist, kann morgen schon wieder langweilen. Viel mehr als einen Raum, eine Bar und zwei, drei Trendsetter braucht es nicht, um in Berlin eine In-Location zu schaffen: Wer am Bedienpersonal sparen muss, stellt einfach einen Kühlschrank auf, aus dem sich die Gäste selbst bedienen. Die im Folgenden empfohlenen Locations zeichnen sich durch lange Tradition, besonderen Stil oder ein innovatives Konzept aus.

MIT SPREEBLICK

58 **Cream**

24 Schlesische Straße 6

Watergate

Falckensteinstraße 49

Der schicke Raum, groß und hell, mit ultramoderner Einrichtung in klaren Linien und schönem Spreeblick, könnte Uneingeweihte auf den Gedanken bringen, das Cream sei ein exklusiver Nachtclub. Tatsächlich aber ist es der ideale Ort am Spreeufer für eine Kaffeepause. Das Cream röstet seine Bohnen selbst, die Atmosphäre ist warm, entspannt und gastfreundlich. Der von Sonnenlicht durchflutete Speisesaal blickt durch eine riesige Glasfassade auf den Fluss. Der uneingeschränkte Blick auf das Spreewasser ist auch das Schlüsselelement in der Gestaltung des nahen Nachtclubs Watergate, der teilweise auf Wasserhöhe liegt. Aufgelegt wird im Watergate, was in Techno- und Drum-'n'-Bass-Kreisen ultrahip ist. Das lockt DJs aus ganz Deutschland und dem Rest der Welt an, die hier für euphorische Tänzer die Plattenteller drehen.

GRÜSSE AUS TADSCHIKISTAN

14

Tadshikische Teestube/Die Möwe

66 Palais am Festungsgraben, Am Festungsgraben 1

1753 als Palais Donner für den Kammerherrn Friedrichs des Großen am Festungsgraben Unter den Linden errichtet, diente das riesige Schloss später den preußischen Finanzministern bis 1853 als Amtssitz. In den Zwanzigerjahren war es ein Berliner Salon und Tummelplatz der intellektuellen Elite und ihres Gefolges. Nach dem Krieg wurde das Palais als eines der wenigen von den Bomben der Alliierten verschonten Gebäude von der Gesellschaft für Deutsch-Sowjetische Freundschaft genutzt. Heute verbergen sich hinter der Barockfassade ein Kulturzentrum mit Theater und Museum, ein Lüster von der Größe eines VW-Käfers und Salons, die man für Events mieten kann. Zum Künstlerclub Die Möwe gehört die zauberhaft kuriose Tadshikische Teestube – für viele der Höhepunkt eines Besuchs im Palais. Ihr Interieur stammt original aus Tadschikistan und war ein Geschenk der Sowjetunion an die DDR. Gäste müssen die Schuhe ausziehen, bevor sie es sich auf weichen Sitzkissen gemütlich machen und Teespezialitäten aus dem Samowar genießen dürfen. Übrigens: Die Teestube ist Nichtrauchern vorbehalten.

SOMMERLICHES IDYLL

76

Café am Neuen See

20 Lichtensteinallee 2

Ein Stück Bayern in Berlin: Im Herzen des Tiergartens (s. S. 84) liegt, mit Aussicht über den Neuen See, Berlins größter Biergarten. Natürlich gibt es klassische bayerische Biergartenkost wie frische Brezen oder Leberkäs mit Kartoffelsalat, aber auch die köstliche Steinofenpizza und die Pastagerichte passen zum Bier aus München. Ob man zu Fuß oder mit dem Fahrrad kommt – einer der 1500 Plätze ist bestimmt noch frei. Und keine Angst, wenn Sie plötzlich Löwen brüllen oder Affen schreien hören – die wilden Tiere sind sicher im nahen Zoologischen Garten untergebracht. Nach Speis und Trank empfiehlt sich eine romantische Ruderboot-Partie auf dem Neuen See.

BIER-OASE

76 **Felsenkeller**

7 Akazienstraße 2

Der Felsenkeller existiert bereits seit 1920 und ist von oben bis unten mit maritimem Dekor aus den Zwanzigerjahren verziert. In den rund 85 Jahren seit ihrer Eröffnung haben nur fünf Wirte die Kneipe geführt – einer der Gründe, weshalb der alte Charme erhalten blieb. Günther During und Michaela Friedrichs übernahmen das traditionsreiche Lokal 1993. »Wir haben ein paar Bilder ausgetauscht, als wir herkamen, aber die Gäste sind die gleichen geblieben«, bemerkt Friedrichs über das Stammpublikum aus Intellektuellen, Künstlern und Nachbarn aus dem Kiez. In einer alten Zigarettenvitrine liegen (unverkäufliche) Originalpäckchen der Marke *Player's Navy Cuts*. Emailschilder werben für die *Hamburg-Amerika-Linie* und *Smoke Player's Navy Cut Cigarettes*. Der Felsenkeller (eigentlich: Möwe im Felsenkeller) ist ein Biotop für Anhänger der zünftigen Bierkultur. Auf Musikberieselung wird verzichtet, den Kartoffelsalat macht die Chefin noch selbst, und wenn der Wirt guter Dinge ist, zeigt er Ihnen vielleicht die alte Likörfabrik, die sich im Keller des Lokals verbirgt.

BIERGARTEN MIT ANHANG

44 Pratergarten & Hecht Club

5 Kastanienallee 7–9

Eine Baumreihe schirmt den an der Kastanienallee gelegenen berühmtesten Biergarten Berlins von der belebten Straße ab. Vor 1989 wurde der oft voll besetzte Biergarten regelmäßig von der Polizei geschlossen. 1996 wurde er endgültig wieder eröffnet, die scheunenähnliche Bierhalle ist auch in den Wintermonaten immer gut besucht. Im Sommer werden die Gäste, zu denen schon mal Prominente wie Willem Dafoe oder Vivienne Westwood gehören, häufig von Musikern und Straßenkünstlern unterhalten. Aber es gibt noch mehr zu entdecken: Hinter einer alten Freibühne im Garten liegt der Hecht Club. Diese Cocktailbar ist fast ein Geheimtipp, das bunt gemischte Publikum schwört auf die Drinks, die als die besten im Prenzlauer Berg gelten. Das Sechzigerjahre-Flair gipfelt im Design der Bar mit ihren geschwungenen Decken, Plüschmöbeln und -lampen. Die roten Sessel stammen übrigens aus dem ersten Bundestag in Bonn. Ein Anruf vorab kann nicht schaden, denn seiner intimen Größe wegen wird der Hecht Club gern für private Partys gemietet und ist dann für den Rest der Welt geschlossen.

DIE BAR SCHLECHTHIN

76 Green Door

13 Winterfeldtstraße 50

Der Slogan der Location, *The Power of Positive Drinking*, gibt das Motto für eine lange Nacht des Cocktailgenusses hinter der grünen Tür von Fritz Müller-Scherz' exklusiver Bar vor. Exklusiv ist sie, weil man zunächst an einer großen, grün gepolsterten Tür klingeln und sich einer Musterung unterziehen muss, bevor man Einlass findet (oder auch nicht). Hat man die Prüfung bestanden, gelangt man in einen kleinen Raum im Sixties-Style. Die Karotapeten und eine cremefarben gestrichene Holzwand im Wellenlook wirken schon vor den Cocktails angenehm berauschend. Glückspilze ergattern einen Platz auf einem der tiefen braunen Ledersofas. Die Innengestaltung ist das Werk von drei mit Müller-Scherz befreundeten Architekten. Er selbst ist in Berlin als Drehbuchautor bekannt: für den Wim-Wenders-Film *Der amerikanische Freund* und für Fassbinders *Welt am Draht*. Das Green Door eröffnete Müller-Scherz in den Räumen der legendären Berliner Havanna Bar, deren Humidor er liebevoll weiterpflegt. Die Cocktails gehören zu den besten, die man in Berlin bekommen kann.

JE T'AIME

88 Gainsbourg

30 Savignyplatz 5

Die Treue der Stammgäste aus der Nachbarschaft macht es selbst Montagnacht um ein Uhr oft schier unmöglich, einen Platz an der Bar, geschweige denn einen freien Tisch zu ergattern. Inhaber Friedrich »Frido« Keiling feierte 2003 zehnjähriges Zapf-Jubiläum. Keiling hat das Innere der Bar selbst entworfen und sie nach seinem persönlichen Helden, dem großen französischen Sänger Serge Gainsbourg, benannt, der ein Jahr vor Eröffnung der Bar starb. Im Sommer genießt Keilings treue Gefolgschaft die hervorragenden Drinks am liebsten auf der dicht bewachsenen Terrasse. Übrigens: Das Männermagazin GQ wählte das Gainsbourg kürzlich unter die »50 besten Bars in Deutschland«.

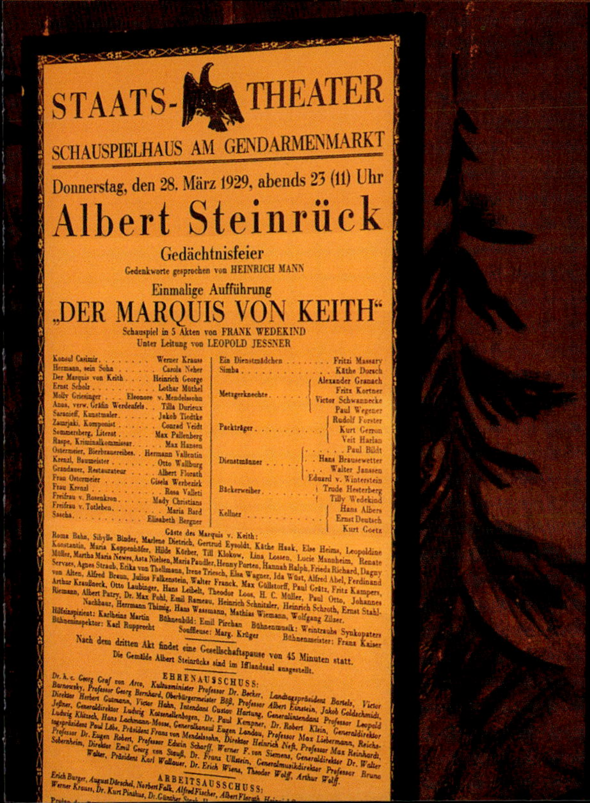

BOXRING

88 Diener im Tattersall

31 Grolmannstraße 47

Bei den örtlichen Stallungen gelegen, war dies einst eine Wirtschaft, wo der Berliner Adel nach dem Reiten einzukehren pflegte. Als sie der seinerzeit berühmte Boxer Franz Diener (von ihm hat das Lokal seinen Namen) in den Fünfzigerjahren erwarb, mauserte sie sich zum Treff von Sportlern, Journalisten und Leinwandgrößen. Wer meint, das klinge passé, irrt. Von den Wänden lächeln nicht nur Schwarz-Weiß-Fotos mit Widmungen der Leinwandstars von einst auf die Gäste herab – Harald Juhnke und Klaus Kinski gingen hier ein und aus –, auch die Schauspielerelite des deutschen Gegenwartsfilms wie Mario Adorf, Ulrich Tukur oder Detlev Buck schätzt das Diener. Die Karte setzt auf urdeutsche Kost: Königsberger Klopse kommen in kalorienreicher Schlachtordnung mit Sauce auf einem Berg Kartoffeln daher – die beste Grundlage, sollte man vorhaben, die Nacht zum Tag zu machen. Das Durchschnittsalter der Gäste mag die 50 gelegentlich übersteigen, aber die lebendige, von Medienleuten geprägte Atmosphäre ist weltoffen – aus Tradition.

RUSSLAND IST EIN SCHÖNES LAND

44 Pasternak

18 Knaackstraße 22-24

Vor dem Zweiten Weltkrieg lebte in Berlin eine große russisch-jüdische Gemeinde, in der auch Nobelpreisträger Boris Pasternak von 1905 bis 1906 und noch einmal in den 1920er-Jahren zu Hause war. Ein anderer russischer Jude ehrte ihn Jahrzehnte später, indem er seinem Restaurant den Namen des großen Literaten gab: Ilja Kaplan, der 1990 nach Berlin kam, um sein Glück zu machen. Heute, rund 15 Jahre später, besitzt Kaplan vier russische Lokale in Berlin: Das Potemkin, das Gorki Park und die Bar Gagarin vervollständigen das Quartett. Das neben der großen neoromanischen Synagoge gelegene Restaurant war in DDR-Zeiten eine Passstelle, bevor Kaplan es nach dem Vorbild von Pasternaks Wohnzimmer der 1930er-Jahre umgestaltete – eine perfekte Kulisse für den Genuss von traditionell zubereitetem Borschtsch und Pelmeni. Besonders stolz ist Kaplan auf seinen Wodka mit Moosbeere. Er wird aus sibirischen Beeren hergestellt und mit reinem Kartoffelwodka aufgefüllt.

PLÜSCHPARADIES MIT FLUCHTWEG

58 Würgeengel/Gorgonzola Club

22 Dresdener Straße 122/121

Die geschmackvoll eingerichtete Bar – ein Höhepunkt im Kreuzberger Nachtleben – verdankt ihren Namen dem Kultfilm *El Angel Exterminador* von Luis Buñuel. In dem gut besuchten und rauchverhangenen Szenetreff geht es jeden Abend der Woche laut und lebhaft zu. Die roten Samtpolstermöbel machen sich gut unter den wunderbaren Stuckdecken, der Raum wirkt durch die goldumrandeten Spiegel, die seine Wände zieren, doppelt so tief. Viele der Studenten, Künstler und Tresenhocker nehmen hier einen Drink vor oder nach dem Essen im Gorgonzola Club gleich nebenan. Dort wird edle italienische Küche im schlichten Ambiente eines Hauses aus der Zeit kurz nach 1900 serviert. Beide Lokale haben von der Straße aus eigene Eingänge, aber sie sind auch durch einen versteckten schmalen Durchgang verbunden – besonders praktisch, wenn die Bar überlaufen ist.

ALLE FÜR EINEN, EINER FÜR ALLE

76

Kumpelnest 3000

16 Lützowstraße 23

Diese Bar macht alle gleich: Stars und Groupies, Schickis und Proleten, Alt und Jung, Arm und Reich – alles und jeder ist hier vertreten. Die lebhafte Gästemischung frequentiert das Kumpelnest 3000 jeden Tag der Woche ab ein Uhr nachts bis in die frühen Morgenstunden. Wer früher kommt, wird das Lokal leer vorfinden. Das Kumpelnest ist der Hafen, den man nach einer langen Nacht für den allerletzten – oder einen von vielen – Absackern anläuft. Wundern Sie sich am besten über gar nichts, wenn Sie auf dem betriebsamen Höhepunkt bei Sonnenaufgang eintreffen. In dem verrückten Bruchglasmosaik an der Wand, den staubigen überfüllten Sofas und den Hockern, die den Tresen säumen, spiegelt sich die Widersprüchlichkeit des Gästesortiments. Diese Bar ist nichts für Nüchterne: Es ist unwahrscheinlich, dass Sie sich am nächsten Tag noch an Ihre neuen »besten Freunde« erinnern – oder diese sich an Sie.

KREUZBERG GOES ORIENT

58 Rote Harfe/Orient Lounge

15 Oranienstraße 13

Einst Treff der Achtundsechziger-Rebellen, finden sich in der Kreuzberger Institution am Heinrichplatz heute vor allem zum Sonntagsbrunch scheinbar sämtliche Anwohner und viele »Grenzgänger« mit Kind und Kegel ein. In der ersten Etage trifft sich die In-Crowd in der Orient Lounge – auch Regisseur Tom Tykwer wurde hier schon gesichtet. Das viele Rot an den Wänden und Oberflächen verstärkt noch die schwüle Atmosphäre orientalischer Harems, die von den niedrigen, kissenbedeckten Sofas und den weichen farbigen Lichteffekten ausgeht. Falafel, Lammspieße und Bulgur sind köstlich, aber die meisten kommen hierher, um eine Wasserpfeife zu rauchen, wahlweise mit Vanille-, Kirsch-, Apfel- oder Aprikosenaroma. Untypisch für Berlin: Das Personal kontrolliert gelegentlich den Einlass an der Tür. Allerdings dient das kaum der »Gesichtskontrolle«, es ist vielmehr ein Zeichen, dass der Club zum Platzen voll ist.

KÜNSTLERBAR

88 Galerie Bremer

6 Fasanenstraße 37

Rudolf van der Lak zog vor 50 Jahren von Surinam nach Berlin, wo er Anja Bremer heiratete. »Wir kannten viele Künstler. Meine Frau war sehr stark, und sie suchte einen Ort, an dem wir uns alle wohl fühlen würden.« Vorhang auf für die Galerie Bremer, eine Institution der deutschen Nachkriegskultur, in der seit 1946 einige der berühmtesten Künstler und Sammler der Welt zu Gast waren. Werke von Barlach waren hier ebenso zu sehen wie Keramiken von Picasso. Das Herz der unprätentiösen Galerie schlägt im Hinterzimmer, genauer an der von Hans Scharoun, dem Architekten der Berliner Philharmonie, entworfenen kreisrunden Bar, hinter der der über 80-jährige van der Lak oft noch selbst steht. Der Gentleman der alten Schule und Bartender aus Passion erzählt gern von den Zeiten mit seiner 1986 verstorbenen Frau und hält ihr künstlerisches, kulturelles und soziales Vermächtnis lebendig: »Wir sind 50 Jahre hier gewesen, und ich habe vor, noch 50 weitere zu bleiben.«

FLAIR AM FLUSS

58 **Q3A**

27 Stralauer Allee 2c

Club 12/34

Stralauer Allee 1

In einem ehemaligen Lagerhaus für Eier serviert das Q3A in schlichtem Ambiente schnörkellose moderne Cuisine. Durch große Fensterflächen blicken die speisenden Gäste auf die Spree. Im Sommer sitzt man in den Strandkörben auf der großen Terrasse und sieht der Sonne beim Untergehen am Stadthorizont zu. Nach Sonnenuntergang mag, wer nicht in träge Betäubung verfallen ist, noch zum Club 12/34 im Gebäude von Universal Music hinübergehen. In der schicken Location mit Blick auf die Oberbaumbrücke finden ab und an Mode- und Musikevents zur Unterstützung der Berliner Kreativenszene statt. Meist aber legt eine Riege deutscher und internationaler DJs alles auf, was gerade angesagt ist – Dub Reggae, Minimal, Bossa Nova oder Latin House.

TRESENHOCKER

58 **CSA**

29 Karl-Marx-Allee 96

Diese Räume in einem Gebäude an der imposanten Karl-Marx-Allee waren früher die Filiale der tschechischen Fluggesellschaft CSA. Obwohl der Name blieb, ist die Alltagsflucht, die heute hier geboten wird, ganz anderer Natur. Der Nachtclub mit beeindruckendem Ambiente und einem Tresen mit puristisch klaren Linien, der seine Farbigkeit dem Meer von Likörflaschen verdankt, das seine hintere Wand bedeckt, war einer der ersten – und ist einer der besten – Szenemagneten, die die atemberaubende kommunistische Gigantomanie des gewaltigen Boulevards als Kulisse nutzen. Helle Töne schaffen eine entspannte und sehr hippe Atmosphäre, die in scharfem Kontrast zum baulichen Verfall in diesem Teil der Stadt steht. Zweifellos ein angesagtes Ziel für Nachtschwärmer.

THEATER FÜR DAS VOLK

Volksbühne: Roter Salon und Grüner Salon

6

Rosa-Luxemburg-Platz 2

Der imposante frei stehende Bau mit Säulenfront wurde 1913 von dem Theaterarchitekten Oskar Kaufmann als zweites von sechs Theatern errichtet, die er vor seiner Flucht nach Palästina 1933 entwarf (das erste war das Hebbel-Theater, s. S. 65). Es wurde im Zweiten Weltkrieg zerstört und 1954 wieder aufgebaut. Das Theater mit seinem Intendanten Frank Castorf wird für sein kontroverses Programm geschätzt. Weniger Kulturbeflissene besuchen jedoch lieber den Roten und den Grünen Salon im Gebäude. Der Rote Salon heizt Tanzwütigen – und denen, die lieber zuschauen – mit hippem Drum-'n'-Bass ein; in der kuscheligen Lounge-Atmosphäre im Grünen Salon auf der anderen Seite des Gebäudes lässt man es ruhiger angehen.

HELMUTS FRAUEN

Newton Bar

62 Charlottenstraße 57

Das bekannte Restaurant und Weinhaus Lutter & Wegner (s. S. 130) am Gendarmenmarkt eröffnete 1999 als »Ableger« diese edel-dekadente Cocktailbar. Die raffinierte Glasfassade leitet fließend von der herrlichen Architektur des Gendarmenmarktes zur noblen Raumgestaltung von Stararchitekt Hans Kollhoff über. Riesige, fast lebensgroße Fotodrucke nackter Frauen in High Heels *(Big Nudes)*, die das Markenzeichen des 2004 verstorbenen Fotografen Helmut Newton waren, verleihen dem Raum mit den schweren roten Ledersesseln einen Touch von jenem Exzess, der für die Achtziger typisch war. Raffiniert ist auch das übrige Dekor: große Spiegel, dunkel lackierte Wände, grüne Marmorböden und ein Tresen, der im Sommer bis hinaus auf den Gendarmenmarkt verlängert wird. An ihm gibt sich die Medien- und Politprominenz der Hauptstadt gern und häufig die Ehre. Im ersten Stock liegt die ebenfalls verglaste Zigarrenlounge mit begehbarem Humidor, die man für Events buchen kann. Die Cocktailkarte ist erwartungsgemäß beeindruckend. Besonders zu empfehlen: die Martinis und die Auswahl an Whiskys.

FERNÖSTLICHER LOGENPLATZ

QIU

73 Potsdamer Straße 3

Lutz Hesse, einer der beiden Betreiber des Madison (s. S. 116), ging mit seiner Idee für eine Lounge mit Bar zur Hamburger Agentur Flum Design. Sie sollte dem etwas spartanisch anmutenden modernen Gebäude im DaimlerChrysler-Quartier mit Blick auf den Potsdamer Platz einen Hauch von Fernost verleihen. Als hoteleigene Bar auf der ersten Etage des Madison ist das QIU von der Straße nicht einsehbar; es blickt auf das neonbeleuchtete Sony Center gegenüber. In exotischem Ambiente mit Sofas und Stofflampions werden vor einem wandhohen Wasserfall, der über goldene Mosaiksteine und dunkelrote Rosenornamente rieselt, zu ausgezeichneten Cocktails erlesene Kleinigkeiten gereicht: Täubchen mit Balsamico-Linsen, Seetang-Risotto mit Meeräsche, Entenkroketten und Gazpacho mit Erdbeeren und Jakobsmuscheln.

EIN MANUFAKTUR-PRODUKT DER BLINDENANSTALT VON BERLIN . ORANIENSTRASSE 24 . 10999 BERLIN . TEL. 030 25886614 . Fax 030 25886615
DIE IMAGINÄRE MANUFAKTUR
HOUSEBRUSH
DESIGN:
ALEXANDRA MARTINI
HENRIKE MEYER

Shopping

Wenn es Ihnen beim Einkaufen auf Individualität oder sogar auf ein wenig Eigenwilligkeit ankommt, dann ist Berlin für Sie das Paradies. In den Stadvierteln wimmelt es von kleinen, häufig von nur ein oder zwei Enthusiasten betriebenen Boutiquen: zur Straße hin der Verkaufsraum, Atelier oder Werkstatt im Hinterzimmer. Ein Streifzug durch diese Geschäfte bedeutet fast immer, auch den kreativen Kopf hinter den angebotenen Waren kennen zu lernen. Diese Leute – die meisten von ihnen erfüllen sich mit ihrem eigenen Geschäft einen lang gehegten Traum – haben den Finger am Puls der Stadtkultur. Und die meisten sprechen gerne und unterhaltsam über ihre Arbeit: Wenn Sie also in den Läden, die auf den folgenden Seiten beschrieben sind, herumstöbern, kann es gut sein, dass Sie als Fachmann für die Geschichte der Kakaoverarbeitung zurückkehren oder sich daheim gleich in ein spannendes Buch über die Hutmacherkunst vertiefen.

IM BANN DER DREI STREIFEN

14 **adidas Originals Store**

45 Münzstraße 13

Fast jeder kennt die Geschichte von Adolf Dassler, genannt Adi, der, 1900 im fränkischen Herzogenaurach geboren, im Laufe seines 77-jährigen Lebens eine kleine Schuhwerkstatt zu einem Sportartikelhersteller von Weltrang machte. Seine erste Fabrik gründete er mit seinem Bruder Rudolf 1924. Nach einem Streit machte sich Rudolf Dassler 1948 unter dem Firmennamen Puma selbstständig; Adolf gründete adidas und ließ die weltbekannten drei Streifen als Markenzeichen eintragen. Seither wetteifern beide Firmen um die Vormachtstellung auf dem deutschen und internationalen Markt. adidas ist seit 1990 kein Familienunternehmen mehr, aber die Legende lebt in der Sportförderung vieler Berühmtheiten fort. Das Revival von Retro-Sportmode, insbesondere von coolen Sneakers, bescherte adidas ein sensationelles Comeback. Der Store in Berlin ist einer von nur zweien in Deutschland (einen weiteren gibt es in München). Die Retro-Neuauflagen aus den Sechziger- und Siebzigerjahren sind begehrt wie nie zuvor.

HIPPER HOLZWEG

14 **Trippen**

34 Hackesche Höfe, Hof IV–VI, Rosenthaler Straße 40–41

1990 trafen sich in Berlin Michael Oehler und Angela Spieth, beide zu jener Zeit schwer frustriert (er finanziell, sie kreativ). Die Schuhdesigner beschlossen, sich zusammenzutun, um ein eigenes Schuhkonzept zu entwickeln. Als Name wählten sie ein altes deutsches Wort für die Überschuhe, die man im Mittelalter über den empfindlichen Seidenschuhen trug. Seit der Gründung 1994 ist das Label international zum Synonym für holzbesohlte Schuhmode avanciert. Anfangs war es finanzielle Not, die die beiden zwang, Schuhe aus Holz herzustellen. Ihre Situation blieb kritisch, bis bequemen, haltbaren und ökologisch korrekten Schuhen der Durchbruch im modischen Mainstream gelang. Bis heute verlassen sich Oehler und Spieth bei der Fertigung ihrer Produkte auf ein Netzwerk von kleinen Familienbetrieben. Das Konzept des Nischenprodukts spiegelt sich in allen drei Boutiquen von Trippen; sie sind funktional-schlicht eingerichtet und lenken das Augenmerk auf das Wesentliche – das Schuhwerk.

HAUPT-SACHE

14 **Fiona Bennett**

51 Große Hamburger Straße 25

Fiona Bennett, Tochter eines Briten und einer Deutschen, ist eine waschechte Berlinerin. Ihre dreijährige traditionelle Ausbildung bei der Hutmacherfamilie Pieczinski verschaffte ihr im Kampf um die Vormachtstellung in der Berliner Hutmacherzunft eine gute Basis. Gleich zu Beginn ihrer Karriere hatte sie die Idee, ihre ebenso frechen wie mondänen Kollektionen in neuen Modenschauformaten zu präsentieren. Zusammen mit Elisabeth Prantner (Lisa D., s. S. 29) mietete sie beispielsweise eine Geisterbahn und ließ das Publikum an Modellen in Prantners Kleidern und ihren Hüten vorüberfahren. Heute präsentiert Bennett, die auch Lehrbeauftragte für Vivienne Westwood an der Universität der Künste in Berlin war, ihre extravaganten Kreationen im eigenen Geschäft, einem Universum in Lila und Mintgrün. Da gibt es weiche Filzhüte und Bowler für den Herrn, Filzkappen für den Tag und Korallen- oder Blumenimitate aus Federn für den Abend. Der elegante »Stachelrochen« ist aus fast 4000 Federn gefertigt. Einer der vielen Fans der Kollektion ist Nina Hagen.

EINE ROSE IST EINE ROSE

14 Cara Tonga

41 Dircksenstraße 51

Lars Scherbarth und Jens Büchner sind die Bildhauer unter den Floristen. Unter einem Namen, der so originell ist wie ihre Kreationen, fertigen sie Kunst aus Blumen und liefern täglich an Gucci, Hermès, KaDeWe, Prada und exklusive Berliner Clubs. Keiner der Mitarbeiter kommt aus der konventionellen Floristik, und das sieht man: an ihren fantasievollen, an Architekturen erinnernden Kompositionen und an den ungewöhnlichen Materialien wie australisches Totholz, das erst aufplatzt und seine Samen heraussprengt, wenn es verbrennt, oder trockene Palmwedel, die so unters Licht gestellt werden, dass ihr Schatten Teil der Gesamtkreation wird. Gelegentlich verwenden Scherbarth und Büchner zwar auch ganz normale Blumen, aber selbst ihre Rosen sehen aus, als habe man sie in polychrome Farbtöpfe getaucht. Ein Besuch in ihrem Laden in Berlin ist wie eine Lektion in der Sprache der Pflanzen: Helikonie, Lotus, Banane, Ingwer, Orchidee, Calla und Artischocke in all ihren Kombinationen beglücken Seele und Sinne.

TIEF DURCHATMEN

14 Breathe

17 Rochstraße 17

Nach zehn Jahren im Dienste der Lancaster-Gruppe wollte Gregor Vidzer seinen eigenen Shop für Kosmetik und Körperpflege eröffnen. Mit einer Ladenausstattung von RoomSafari (s. S. 49) schufen er und Sven Eric Moss eine Zuflucht, die Augen, Nase und Seele erfreut. »Hinter jedem Artikel steht eine Geschichte«, erklärt Vidzer, »denn ich biete nur Naturprodukte von Nischenmarken an.« Der Ladenraum mit hohen Decken und hellen Wänden ist ganz auf das Einkaufserlebnis ausgerichtet: Spiegel können in den Raum geschwenkt werden; in der Mitte des Ladens stehen Schminktische. Die beiden führen zwar Make-up von Bloom und Pflegeprodukte von Julisis, aber es wird schnell klar, was ihre wahre Leidenschaft ist: Parfüm. Sie bieten eine ganze Palette von Düften der schwedischen Künstlerin und Parfümeurin Sissel Tolaas an. Außerdem gibt es bei Vidzer und Moss Trendmarken wie Tann Rokka, Cellcosmet und Jules & Jane. Haaraccessoires von Chidoriya (im Geisha-Look) und Tarina Tarantino werden in Deutschland exklusiv über Breathe vertrieben.

BESTRICKENDE FASHION-IKONE

14 **Claudia Skoda**

24 Alte Schönhauser Straße 35

Claudia Skoda ist weit herumgekommen, und ihr Umzug vom Ku'damm nach Mitte vor zwei Jahren war das Signal schlechthin, dass dieses Viertel zur angesagten Location avanciert war. Skoda hat die 60 bereits überschritten, ihre Karriere begann im Kreuzberg der Siebzigerjahre. Ihre legendäre Strickmode führte sie bald nach New York, wo sie in ihrem Laden in SoHo Stars wie David Bowie und Tina Turner einkleidete. Skoda ist bekannt für bequeme, extravagante Strickkleidung für Männer und Frauen mit geheimnisvoller Erotik: Die Aufmerksamkeit wird auf Kurven und Linien gelenkt, ohne dass nackte Haut zu sehen wäre. Für ihre klassischen Linien verwendet Skoda Multicolor-Strick; aber ihre jüngste Kollektion setzt auf Outfits aus Angora, Viskose, Leinen, Kunstseide, Alpaka, Mohair und Elastan. Ein besonderes Stück ist ein metallisch schimmerndes Strickkleid, das so schwer herabfällt, dass die Trägerin mit der vorsichtig-vornehmen Haltung gehen muss, die dieser Robe angemessen ist.

MAN TRÄGT NIX

14 **Nix**

29 Heckmann-Höfe, Oranienburger Straße 32

Getreu dem Namen ihres Labels gestaltet Barbara Gebhardt eine Mode, die sich durch subtile Anonymität auszeichnet. Ihre dezenten Outfits verkünden nicht lauthals einen Stil, sondern sind smart, tragbar, langlebig und praktisch. Dieser einfache Ansatz hat Gebhardt als eine der bekanntesten Modeschöpferinnen Berlins etabliert. Für ihre Anzüge, Röcke, Jacken und Hosen für Mann, Frau und Kind verwendet sie dehnbare und bequeme Stoffe aus ökologisch unbedenklichen Baumwoll-Lycra-Mischungen. Ein genauerer Blick verrät die hohe Schneiderkunst: Eine Falte hier und ein Schnitt dort geben dem Stück das gewisse Etwas. Gebhardts praktischer Einfallsreichtum tritt am deutlichsten bei den Accessoires zutage: Wollmützen mit Ohrenklappen, die so lang sind, dass sie auch zum Schal werden können, oder ebenso elegante wie wärmende Armstulpen. Gebhardt legt Wert darauf, dass sich alle Stücke ihrer neuen Kollektionen mit denen aus den älteren kombinieren lassen.

FANTASIEVOLLES AUS FILZ

14

28

HUT up

Heckmann-Höfe, Oranienburger Straße 32

Die gefilzten Schöpfungen von HUT up sind vor allem für ihre lebhaften Rosaschattierungen und überschwänglichen Orangetöne berühmt. Tatsächlich aber verwendet Christine Birkle, die an der Berliner Universität der Künste Textil- und Modedesign studierte, für ihre Kreationen über 125 Farbtöne. Dem Namen ihres Shops zum Trotz beschränkt Birkle ihre Kreativität nicht auf Kunstvolles für den Kopf. Seide, Organza und Musselin lässt sie in einem komplizierten Verfahren mit Merinowolle verweben und zu nahtfreien Kleidungsstücken verarbeiten. Diese Idee ist so originell, dass sich ihre Sachen sogar in Japan, England, Frankreich und den USA gut verkaufen. Birkles Kollektionen für Babys und ihre Accessoires haben die Einkäufer für Donna Karan, Hermès oder Dries van Noten aufmerksam werden lassen. Karan z. B. verkauft in ihrem New Yorker Geschäft *Home* Birkles fröhlich-bunte Eierwärmer aus Filz. In Birkles eigenem Laden bekommt man außerdem Kissen aus Filz, Flaschenwärmer und eine entzückende, aus einem Stück gearbeitete Kuschelwiege, wahlweise in Puderquasten-Rosa oder Himmelblau.

58 **Berlinomat**

30 Frankfurter Allee 89

Jörg Wichmann und Theresa Meirer wagten im September 2003 den Schritt, eine Boutique mit Mode, Schmuck, Kunst, Möbeln und schön designten Produkten von ausschließlich einheimischen Kreativen zu eröffnen. Sie warben über 60 Designer an (die Zahl wächst stetig weiter) und waren verblüfft, wie viele Talente sie entdeckten. »Die Idee, unterrepräsentierte Arbeiten unter einem Dach zu verkaufen, wurde von allen, die wir ansprachen, begeistert aufgenommen«, sagt Wichmann. Berlinomat wurde immer erfolgreicher, und inzwischen vertreibt das Paar hier auch sein eigenes Label für Mode und Jeanswear, »Hotinaf«. Wichmann und Meirer präsentieren auf 280 Quadratmeter Ladenfläche unter anderem Design-Trendsetter wie betonWare (Möbel aus Beton), Dreigold (Schmuck) und Extratapete (Tapetenideen). Auch die Sportschuhe von Zeha, in denen einst die Athleten der DDR von Sieg zu Sieg liefen und die jetzt im Zuge der Retro-Welle wieder heiß begehrt sind, bekommt man hier. In der angeschlossenen Berlinomat Delikat Lounge kann man bei Kaffee, heißer Schokolade oder frischen Fruchtsäften entspannen.

RAUCH- UND TRINKBARES

14 Whisky & Cigars

50 Sophienstraße 23

Lisa von Treskow und Eva Sichelschmidt trafen sich regelmäßig zum Schachspielen, Zigarrerauchen und Whiskytrinken. Aber die Auswahl an gutem Whisky und feinen Zigarren in Berlin-Mitte war 1997 sehr mäßig. Die beiden erkannten die Marktlücke. Keine drei Monate später eröffneten sie ihr Geschäft, eingehüllt in den warmen Bernsteinschimmer beleuchteter Flaschen und erfüllt vom feuchten Aroma unverbrannten Tabaks. Das Sortiment wird, nach Ländern sortiert, im Stil einer wahrhaften »Bibliothek« präsentiert. Rare Objekte der Kennerbegierde sind die Flaschen aus der Auswahl an gereiften Single Malts (Einzelfassabfüllungen). Lisa von Treskow ist inzwischen ausgeschieden, sie rief R.S.V.P. (s. S. 172) ins Leben. Eva Sichelschmidt hat das Angebot auf rund 400 Whiskysorten ausgebaut und offeriert eine reiche Palette an Handgerollten aus Kuba, der Dominikanischen Republik, Honduras, Nicaragua und Jamaika, die sie in einem begehbaren Humidor lagert. An einer kleinen Bar hält sie Whiskyseminare ab und lädt zu Verkostungen ein.

GUTES AUS FLASCHEN

44 Weinerei

26 Veteranenstraße 14

Jürgen Stumpf und Philippe Gross entstammen Familien mit langer Tradition im Weinanbau und der Spirituosenherstellung. Deren Fangemeinden verschmolzen, als die beiden 1997 in Prenzlauer Berg die Weinhandlung Weinerei gründeten. Gross' Eltern sind Winzer, und ihr Weinberg in Franken liefert Erlesenes für den Keller der Weinerei. Stumpfs Cousin stellt Obstbrände her, die in eleganten, von Hand etikettierten Flaschen angeboten werden. Zur Ergänzung ihrer flüssigen Kostbarkeiten haben Stumpf und Gross auf der gegenüberliegenden Straßenseite ein Café eröffnet, das ebenfalls Weinerei heißt und das sie auf Vertrauensbasis führen: Man zahlt einen Euro Eintritt und bedient sich dann selbst mit Wein, Kuchen und Puddings; am Ende wirft man einen Betrag, den man für angemessen hält, in ein rotes Glas. Bis jetzt hat sich das System bewährt.

KaDeWe

24 Tauentzienstraße 21–24

International erfahrene Kaufsüchtige wissen, dass es sich bei dem 1907 von dem jüdischen Unternehmer Adolf Jandorf gegründeten Konsumtempel KaDeWe um den größten auf dem europäischen Festland handelt. Auf sieben Etagen gibt es nichts, was es nicht gibt. Das ultimative Highlight aber findet man im 6. Stock (im 7. und letzten befindet sich das Restaurant Wintergarten): »Feinschmeckeretage« beschreibt das Erlebnis nur unzureichend. Wer am Samstagnachmittag hierher kommt, erlebt Einheimische wie Besucher beim Volkssport Nummer eins: Essen. In jeder Abteilung kann man es sich an Kundentresen schmecken lassen, und jeder Tresen bietet auch die passenden Getränke, um die Leckerbissen hinunterzuspülen. In Aquarien harren Fische ahnungslos ihres kulinarischen Schicksals. Eine Bols-Cocktailbar, Sektbars, Austern- und Salatstände, eine Crêperie, eine Patisserie und eine Chocolaterie – zusammen ergeben sie die Krönung dekadenter Völlerei. Ganz gleich, nach welchen Delikatessen Ihnen der Sinn steht: Das KaDeWe befriedigt garantiert alle Gaumengelüste.

KAKAO-KÖNIGIN

76 Chocolaterie Estrellas

8 Akazienstraße 21

Nach ihrer Ausbildung bei einem Schokoladenfabrikanten nahm Esther Kurtz 2002 all ihren Mut zusammen und zog eine eigene Schokoladenherstellung auf. Sie gab ihrem Laden einen klangvollen spanischen Namen, »schließlich sind alle Kakaoplantagen der Welt in spanischsprachigen Ländern zu Hause«. Den Kakao bezieht Kurtz von einer Plantage in Venezuela. Er ist sehr mild, und so kann sie Schokoladen herstellen, die trotz der hohen Kakaoanteile von über 70 Prozent auch Kindern schmecken. Die Marzipanrohmasse wird – natürlich – aus Lübeck geliefert.

Diesen klassischen Bestandteilen setzt Kurtz gern Ungewöhnliches zu: Chili oder auch Zuckerrübensirup, der reich an Eisen ist, aber kaum Zucker enthält. Kurtz stellt ihre Produkte vor Ort im Hinterzimmer her. Aber sie füllt ihre Regale nicht nur mit selbst gemachten, nostalgisch anmutenden Schokoladenfiguren, Pralinees und der köstlichen »Berlinoise« aus Haselnuss, Schokolade und Sahne, sondern sie bietet auch Erzeugnisse von Herstellern an, die sie schätzt und von denen viele inzwischen zu Freunden geworden sind.

SCHOKOLADENHIMMEL

44 In't Veld Schokoladen

21 Dunckerstraße 10

Holger In't Veld liebt Schokolade so sehr, dass er ihr ein eigenes Geschäft widmet: eine Hommage an die Kakaobohne, gefüllt mit einigen der edelsten Schokoladenmarken der Welt. Ein Gespräch mit In't Veld über Kakaoarten ist die schokoladige Version einer Verkostung edler Weine. In't Veld kauft bei Familienbetrieben, die ihre Schokoladen in Handarbeit herstellen. Die französische Familie Bonnat beispielsweise verwendet noch immer die Maschinen, mit denen bereits ihre Vorfahren 1884 Kakaobohnen von den familieneigenen Plantagen in der Elfenbeinküste verarbeiteten. In't Veld verkauft auch die wunderschön verpackten Schokoladen von Erich Hamann, der im Vorkriegsberlin zehn Filialen besaß. Bis heute werden seine Bittervarietäten und Milchschokoladen nach den Originalrezepten hergestellt. Natürlich dürfen auch die Schöpfungen des Italieners Mack Domori nicht fehlen: Der Schokoholic lebt auf einer Kakaoplantage in Venezuela und bekennt mit dem Aufdruck auf seinen Verpackungen: »Ich wäre so gern eine Kakaobohne«.

SÜSSE WELTREISE

88 Melanie

36 Goethestraße 4

Diese Geschichte leckerer Kostbarkeiten beginnt 1953, als Eberhard Päller in seiner Heimatstadt Zwickau seine Ausbildung zum Patissier absolvierte. Von 1957 bis 1960 reiste er auf einem Handelsschiff um die Welt. Das Reisen öffnete ihm die Augen für exotische kulinarische Genüsse. 1968 bot ihm eine gewisse Frau Melanie einen Laden an, und Päller beschloss, ein Geschäft für all die Köstlichkeiten zu eröffnen, die er auf seinen Reisen kennen gelernt hatte. Das Ergebnis: ein Gourmetparadies mit mehr als 4000 erlesenen Spezereien, darunter Schätze aus Kolumbien oder Vietnam und ausgesuchte deutsche Spezialitäten wie »Agnessen-Pralinen«, »Seelchen« (Schokoladenherzen mit Rummarzipan gefüllt) oder »Aalener Spionle«, die man in Supermärkten vergeblich sucht. Den Ehrenplatz haben die (nach aktueller Zählung) 89 Trüffelsorten, alle von Päller selbst kreiert. Curry, Muskat, Koriander, Absinth oder Orangensenf gehören zu den Zutaten, mit denen er seinen verführerischen Schokoladenkompositionen ihre ungewöhnlichen Geschmacksnoten verleiht.

SCHÖN SCHREIBEN

14 R.S.V.P. Papier in Mitte

11 Mulackstraße 14

Es waren die praktischen Einschränkungen in ihrer beruflichen Arbeit als Grafikdesignerin, die Lisa von Treskow klar machten, dass ihrer Heimatstadt ein Geschäft für feine Papier- und Schreibwaren fehlte. So entstand R.S.V.P. Edle Briefpapiere, Kuverts und nobles Schreibgerät sind hier – liebevoll und akkurat geordnet – auf einem raumhohen Ausstellungsregal aus Holz in Szene gesetzt; man muss es von allen Seiten und auf allen Ebenen genau betrachten, will man alles sehen. »Zurzeit sind Moleskine-Notizbücher angesagt, weil van Gogh, Matisse oder Bruce Chatwin sie verwendet haben.« Man findet Füllfederhalter von Caran d'Ache aus der Schweiz, mit denen man ohne Nachfüllen bis zu 600 Seiten schreiben kann, Schulhefte aus Polen, Utensilien aus Japan. Von Treskow hat herausgefunden, dass der Hersteller die von ihr angebotene Papierschere aus massivem Silber auch an Gucci liefert. »Bei mir kostet sie 15 Euro, dort 120, das Gucci-Logo ist also 105 Euro wert!« 2004 hat Meike Wander R.S.V.P. übernommen. Man darf gespannt sein, wann und wo Lisa von Treskow (früher Whisky & Cigars, s. S. 168) mit ihrer neuesten Idee überrascht.

GROSSSTADT-DIMENSIONEN

14 Pro QM

21 Alte Schönhauser Straße 48

Ein Forum für Diskussionen und Gespräche, gestützt durch eine Spezialbuchhandlung für Architektur, Stadtplanung und Politik, mit Zeitschriften für Design und Kunst: Das ist die Idee, die Jesko Fezer, Katja Reichard und Axel Wieder umsetzten und die einen der wichtigsten Brainpools für Architektur in Berlin hervorgebracht hat. Alle drei Berliner – Architekten, Theoretiker und Künstler – arbeiteten in der Stadtentwicklung, bis sie in einer ehemaligen Fleischerei die geeigneten Räume für Pro QM entdeckten. »Pro QM« spielt auf den Quadratmeter als Standardmaß im modernen Städtebau an. Und so drehen sich viele Veröffentlichungen um Urbanität im Allgemeinen, im Besonderen aber um die Vorstellung, dass eine Stadt nicht allein eine bebaute Fläche darstellt, sondern ein Raum für Kultur, Ideen, Austausch und Entwicklung ist. Das Forum ist inzwischen für seine Betreiber zum Hobby geworden, aber durch ihr privates Engagement nehmen sie nach wie vor kontinuierlich Einfluss auf Berlins dynamische städtische Entwicklung.

FABRIK FÜR IDEEN

58 **Die Imaginäre Manufaktur (DIM)**

20 Oranienstraße 26

Die Blindenanstalt von Berlin stellt seit 1876 Bürsten und Besen in Handarbeit her. 1998 kamen die Designer Oliver Vogt und Herrmann Weizenegger auf die Idee, Produkte und Materialien aufzupeppen, frischen Wind in die ehrwürdige Anstalt zu bringen und neue Kundenkreise aufzutun. Es gelang ihnen, den Leiter der Blindenanstalt, Peter Bergmann, von ihrem Anliegen zu überzeugen. DIM, Die Imaginäre Manufaktur, war geboren. Ein Team von jungen Designern entwickelt innovative Produkte – unter Einbindung der Arbeit, die durch die Blindenanstalt geleistet wird. Das Projekt erwies sich als Überraschungserfolg: DIM-Produkte wurden auf Design-Biennalen in Lissabon und Courtrai (Belgien) und in Ausstellungen in London, Mailand, New York und Tokio gewürdigt. Getreu der Produktethik von DIM sollen die neuen Entwürfe traditionelle Funktionen erfüllen. Alles ist einfallsreich, witzig und einwandfrei gefertigt, sei es der Kleiderbügel aus Weidenholz, der Brotkasten mit integrierter Kaffeetasse oder eben die zeitlos-klassischen Besen und Bürsten.

Raus aus der Stadt

Berlin bedeckt eine gewaltige Fläche von 890 Quadratkilometer, die immer wieder von grünen Oasen durchbrochen wird. Bewegt sich der Besucher über die Stadtgrenzen hinaus, stößt er in andere Welten vor. Einige von ihnen sind fast gänzlich von den Verheerungen der Geschichte verschont geblieben, die den Charakter der Metropole geprägt haben. Vom Kulturschatz Potsdam bis hin zu den Spielwiesen der Hocharistokratie von gestern, vom Sprung in die Ostsee zur Zeitreise ins Mittelalter – diese Ausflüge in die Umgebung der Stadt bieten etwas für jeden Geschmack.

AM GRÜNEN RAND DER STADT

Grunewald und Wannsee: Kunst und Prachtentfaltung

- Schlosshotel Vier Jahreszeiten/Restaurant Vivaldi
- Brückemuseum
- Villa Liebermann

Am schönen Havelsee, der sich bis nach Potsdam schlängelt und windet, liegt der Berliner Villenvorort Grunewald. Wo einst der einheimische Adel wohnte, residieren heute viele Gesandte fremder Nationen. Am eindringlichsten erlebt man den herrschaftlichen Lebensstil bei einem Aufenthalt im prächtigen Schlosshotel Vier Jahreszeiten, dem ehemaligen Palais Pannwitz. Das Palais war 1914 als Wohnsitz des Justiziars Walter von Pannwitz und seiner Gattin Catalina Roth nach zweijähriger Bauzeit fertig gestellt worden. Die Verbindung zwischen dem Justiziar Wilhelms II. und der 22 Jahre jüngeren Frau, einer reichen, schönen Erbin aus Argentinien, blieb von Gerüchten umwittert, vor allem, als Roth zur Mätresse von Kaiser Wilhelm II. avancierte: Insgesamt 103 Besuche im Palais hielt der Haushofmeister des Kaisers fest, und oft kam der Kaiser, wenn von Pannwitz auf Reisen war, um seine Kunstsammlung zu erweitern. Eine steinerne Wendeltreppe zu Catalinas Boudoir ist noch heute in Berlins einzigem historischem Schlosshotel zu sehen.

1991 wurde das Palais unter Denkmalschutz gestellt und von Modedesigner Karl Lagerfeld einer umfassenden Verjüngungskur unterzogen. Es ist die Mischung aus hochherrschaftlichem Originalinterieur und Lagerfelds

BRUC

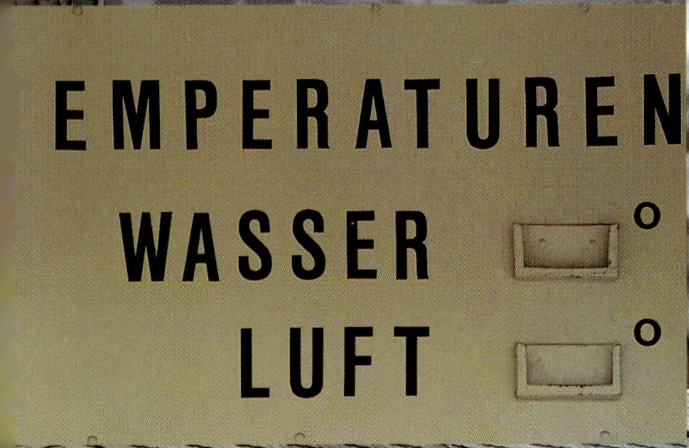
EMPERATUREN
WASSER °
LUFT °

Einfluss auf dem Höhepunkt seiner opulenten À-la-Chanel-Phase der Achtzigerjahre, die dem Hotel seinen nachhaltigen Reiz verleiht. Lagerfeld verwandelte Catalinas Gemächer in die Grunewald Suite (auch »Lagerfeld Suite« genannt). Mit einer Wellness-Oase, schönen Gartenanlagen, einem Ballsaal, historischen Möbeln und prunkvoll verzierten Wänden und Decken sowie dem Restaurant Vivaldi, wo der hoch gelobte Christian Lohse mit mediterran inspirierter Gourmetküche verwöhnt, bietet das Hotel sinnlichen Luxus pur.

Die grüne Gegend am Berliner Stadtrand war bei Künstlern von jeher beliebt. 1905 riefen Fritz Bleyl, Erich Heckel, Ernst Ludwig Kirchner und Karl Schmidt-Rottluff in Dresden die fruchtbare expressionistische Bewegung »Die Brücke« ins Leben. Ihnen schlossen sich bald Max Pechstein (1906) und Emil Nolde (1910) an. 1911 siedelten die Maler nach Berlin über. In einem Wäldchen steht das kleine, fast intime Brückemuseum mit einer Sammlung, die sich ausschließlich dem naturalistischen Werk der Gruppe widmet und über 400 Gemälde und Skulpturen sowie Grafiken, Aquarelle und Drucke umfasst.

Auch der Wannsee am südwestlichen Rand des Grunewalds hat Künstler inspiriert. An seinem Ufer liegt das Haus von Max Liebermann, führender deutscher Impressionist und Wegbereiter der Neuen Sachlichkeit. Er erwarb den Landsitz 1909. Paul Baumgarten wurde mit dem Bau des Hauses, Albert Brodersohn mit der Anlage des Gartens betraut. Gartenbaulichen Rat holte Liebermann auch bei Alfred Lichtwark ein, der sich mit Reformen in der Landschaftsgestaltung einen Namen gemacht hatte. Heute sind hier auch Werke anderer großer Impressionisten wie Degas, Monet und Manet zu bewundern.

DIE GANZE WELT IN BRANDENBURG

Potsdam: Preußens Glanz und Gloria

- Juliette
- Schloss und Park Sanssouci
- Schloss Cecilienhof

Kaum 20 Kilometer südwestlich von Berlin liegt Potsdam, die Hauptstadt des Bundeslandes Brandenburg. Sie ist so geschichtsträchtig und reich an Bauwerken unterschiedlicher Architekturperioden, dass die Potsdamer Kulturlandschaft von der UNESCO in die Liste des Weltkulturerbes aufgenommen wurde.

Das Holländische Viertel im Stadtzentrum verdankt seinen Namen Friedrich Wilhelm I. und den holländischen Handwerkern, die er für den Bau seines Schlosses anzuwerben hoffte. Heute gibt es in dem schön sanierten Viertel zahlreiche Restaurants, Cafés, Geschäfte und Galerien. Hier befindet sich auch das Restaurant Juliette, in dem Chefkoch Dirk Güttes französische Spezialitäten vom Feinsten kreiert.

Das bekannteste Monument Potsdams ist zweifellos Schloss Sanssouci. König Friedrich II. verbrachte hier, in seiner Sommerresidenz »ohne Sorgen«, mehr Zeit als in seinem Regierungssitz Berlin. Errichtet wurde das Schloss ab 1745 in zweijähriger Bauzeit von Georg Wenzeslaus von Knobelsdorff, der damit Friedrichs Faible für alles, was aus Frankreich kam, gestalterischen Ausdruck verlieh. Das Ergebnis ist reiner, schwungvoller Rokokoschick an den Bauten und in den herrlichen Gärten. Unter den zahllosen architektonischen Schätzen und Lustbarkeiten sollten Sie sich Karl Friedrich Schinkels zauberhaftes Schloss Charlottenhof nicht entgehen lassen. Es ist ein vergleichsweise bescheidenes, aber perfekt komponiertes neoklassizistisches Ensemble.

Die dritte Schlossanlage Potsdams, Cecilienhof, spielte in der jüngeren europäischen Geschichte eine bedeutende Rolle. In dem balkenverbrämten Jagdschloss im Tudorstil, das 1913 für Kronprinz Wilhelm erbaut wurde, unterschrieben 1945 Truman, Stalin, Churchill und Attlee das Potsdamer Abkommen, das Deutschland in vier Besatzungszonen aufteilte und damit zu der über 40 Jahre währenden Teilung verurteilte. Südlich schließt sich der von Lenné konzipierte Neue Garten am Westufer des Heiligen Sees an.

DIE WEISSE STADT AM MEER

Heiligendamm: Stilvolles Seebad

• Kempinski Grand Hotel Heiligendamm

Das erste deutsche Seebad entstand 1793 in Heiligendamm an einem von Buchenwäldern gesäumten Streifen Ostseestrand, als Herzog Friedrich Franz I. von Mecklenburg-Schwerin dem Rat seines Arztes folgte und Bäder in der Ostsee nahm. Seitdem haben Tauchbäder, Kuren und alle Annehmlichkeiten, die man heute mit Wellness verbindet, einen festen Platz im Kurleben der Deutschen. Friedrichs beschwingten Schritten vom Kurhaus zum Meer folgten Marcel Proust, Felix Mendelssohn Bartholdy, Königin Luise von Preußen und Zar Nikolaus I. Bis in die 1930er-Jahre war Heiligendamm das Lieblingsseebad der europäischen Prominenz. In der DDR diente die Anlage als Erholungsheim.

Die hohen Besucher erklären die luxuriöse Pracht der Häuser am Ort, die man »Die weiße Stadt« getauft hat. Zwischen 1793 und 1870 schufen die Baumeister Johann Christoph Heinrich von Seydwitz, Carl Theodor Severin und Gustav Adolph Demmler ein einzigartiges klassizistisches Gesamtkunstwerk aus Bade- und Logierhäusern. Sieben davon sind Teil des 2003 eröffneten Hotelkomplexes Kempinski Grand Hotel Heiligendamm.

Die Wiedergeburt des Ensembles als exklusivstes Seebad Europas ist dem Einfluss von Anne Maria Jagdfeld (amj design) zu verdanken. Sie und ihr Ehemann, ein Immobilieninvestor, sind in Berlin bekannte Größen, nicht zuletzt, weil sie als treibende Kräfte hinter dem Quartier 206 und dem Adlon Palais stehen. Jagdfeld hat alle Zimmer und Suiten individuell gestaltet und dabei durchgehend auf ruhige Töne wie Beige, Blau und Sand gesetzt, in denen sich Küste und Meer spiegeln. Der Wellness hat Jagdfeld die unteren Etagen im Severin Palais, dem einzigen Neubau der Anlage, geweiht. Eine weitläufige Saunaanlage, Lichterketten, die einen Sternenhimmel an die Decke zaubern, der Eisraum, das Caldarium, Dampfbäder, Hammam, ein Swimmingpool mit Massagedüsen, Whirlpools sowie das gesamte Repertoire an Anwendungen für Body und Beauty garantieren, dass Heiligendamm eine zeitlose Zuflucht am Meer bleiben wird. Dem leiblichen Wohl der kulinarischen Art widmet sich die Gourmetküche von Tillmann Hahn im exklusiven Kurhaus-Restaurant.

GESCHICHTSTRÄCHTIG

Quedlinburg: Zeitreise ins Mittelalter

• Romantik Hotel Theophano

Malerische Fachwerkhäuser, verwinkelte Gassen und darüber ein eindrucksvoller Schlossberg mit zwei romanischen Basiliken – eine Reise nach Quedlinburg führt geradewegs zurück ins Mittelalter. Das einzigartige Ensemble steht seit 1994 auf der UNESCO-Liste des Weltkulturerbes. Die 25 000-Einwohner-Stadt, die heute so idyllisch wirkt, war über Jahrhunderte als Kaiserpfalz bedeutendes Zentrum der Reichspolitik. An drei wichtigen Handelswegen gelegen, unterhielten ihre Kaufleute und die Patrizier, die sich ansiedelten, Handelsbeziehungen in alle Teile des mittelalterlichen Kaiserreichs. 1427 wurde Quedlinburg Mitglied der Hanse.

Ein eindrucksvoller Blick auf das Altstadtensemble mit rund 1200 Fachwerkhäusern aus 500 Jahrhunderten bietet sich vom Schlossberg, wo in der 1129 erbauten Stiftskirche St. Servatius u.a. der Domschatz aus ottonischer Zeit zu besichtigen ist und wo Heinrich I. begraben wurde, der in Quedlinburg 919 als erster Sachsenkönig die Krone empfangen haben soll. Auf der Südwestseite steht die Kirche St. Wiperti aus dem 9. Jahrhundert mit ihrer 1000 Jahre alten Krypta, einer terrassenförmig in den Sandstein geschlagenen Gruftanlage.

So viel Geschichte macht Appetit. Wer Käsekuchen liebt, sollte die Käsekuchenbäckerei Vincent (Schlossberg 13) besuchen: Mit 30 fantasievollen Käsekuchensorten lädt das Café mit Innenhof zur Kultur-Pause ein. In direkter Nachbarschaft steht das Geburtshaus von Friedrich Gottlieb Klopstock (Schlossberg 12), in dem ein Museum an den Dichter (1724–1803) erinnert. Freunde der modernen Malerei kommen in der Lyonel-Feininger-Galerie auf ihre Kosten. Die Sammlung, untergebracht in einem Fachwerkhaus und einem modernen Erweiterungsbau, zeigt den größten geschlossenen Bestand an Druckgrafiken, Aquarellen und Skizzen des Malers, der im Bauhaus in Dessau lehrte.

Für eine Übernachtung empfiehlt sich das behagliche 22-Zimmer-Hotel Theophano, das in einem reizvollen Barockfachwerkhaus (1668) am Markt untergebracht ist. Neben dem romantischen Innenhofcafé und dem stilvollen Kaminzimmer bietet es ein Weinrestaurant, wo man in einem historischen Tonnengewölbe regionale Spezialitäten wie Wildschwein und Harzforelle reicht.

Adressen-verzeichnis

Die Vorwahl von Berlin lautet 030. Bei den Orten unter »Raus aus der Stadt« ist die Vorwahl jeweils angegeben.

Die Seitenzahl nach jedem Eintrag bezieht sich auf die Stelle im Text, an der Sie die ausführliche Beschreibung des Eintrags finden.

Abendmahl 64
Muskauer Straße 9
10997 Berlin
T 6 12 51 70
W www.abendmahl-berlin.de

Absinth Depot Berlin 32
Weinmeisterstraße 4
10178 Berlin
T 2 81 67 89

adidas Originals Store 160
Münzstraße 13
10178 Berlin
T 27 59 43 81
W www.adidas.com/de

Aigner 38
Am Gendarmenmarkt
Französische Straße 25
10117 Berlin
T 2 03 75 18 50
W www.aigner-gendarmenmarkt.de

Alt Luxemburg 135
Windscheidstraße 31
10627 Berlin
T 3 23 87 30
W www.altluxemburg.de

Anastasia 72
Samariterstraße 13
10247 Berlin
T 41 72 48 99

April 81
Winterfeldtstraße 56
10781 Berlin
T 2 16 88 69

AquaDom 17
Spandauer Straße 3
10178 Berlin
T 99 28 00
W www.sealifeeurope.com

Aquamarin 65
Bergmannstraße 20
10961 Berlin
T 6 93 34 40

Aquarium 78
Budapester Straße 32
10787 Berlin
T 25 40 10
W www.aquarium-berlin.de

Art + Industry 95
Bleibtreustraße 40
10623 Berlin
Wilmersdorfer Str. 39
10627 Berlin
T 8 83 49 46
F 88 72 96 70
W www.artindustryberlin.de

Bar 18
Karl-Marx-Allee 36
10178 Berlin

Barcomi's Deli 23
Sophie-Gips-Höfe
Sophienstraße 21
10178 Berlin
T 285 983 63
W www.barcomi.de

Bar Jeder Vernunft 98
Schaperstraße 24
10719 Berlin
T 8 83 15 82
W www.bar-jeder-vernunft.de

Bateau Ivre 68
Oranienstraße 18
10999 Berlin
T 61 40 36 59

Berliner Dom 17
Am Lustgarten 1
10178 Berlin
W www.berliner-dom.de

Berliner Ensemble 36
Theater am Schiffbauerdamm
Bertolt-Brecht-Platz 1
10117 Berlin
T 28 40 80
W www.berliner-ensemble.de

Berliner Fernsehturm 17
Alexanderplatz
10178 Berlin
T 2 42 33 33
W www.berlinerfernsehturm.de

Berlinische Galerie 63
Alte Jakobstraße 124–128
10969 Berlin
T 78 90 26 00
E bg@berlinischegalerie.de
W www.berlinischegalerie.de

Berlinomat 167
Frankfurter Allee 89
10247 Berlin
T 42 08 14 45
E info@berlinomat.com
W www.berlinomat.com

Beth Café 32
Tucholskystraße 40
10117 Berlin
T 2 81 31 35

Biscotti 103
Pestalozzistraße 88
10625 Berlin
T 3 12 39 37

Blush 24
Rosa-Luxemburg-Straße 22
10178 Berlin
T 28 09 35 80
W www.blush-berlin.com

Bonbonmacherei 27
Heckmann-Höfe
Oranienburger Straße 32
10117 Berlin
T 44 05 52 43
W www.bonbonmacherei.de

Breathe 163
Rochstraße 17
10178 Berlin
T 24 34 25 77
E welcome@breathe-cosmetics.com
W www.breathe-cosmetics.com

Brille 54 28
Rosenhöfe
Rosenthaler Straße 36
10178 Berlin
T 28 04 08 18
W www.brille54.de

Brot und Rosen 139
Am Friedrichshain 6
10407 Berlin
T 4 23 19 16

Bücherbogen 101
Savignyplatz
Stadtbahnbogen 593
10623 Berlin
T 31 86 95 11
W www.buecherbogen.com

Café Adler 129
Friedrichstraße 206
10969 Berlin
T 2 51 89 65

Café am Neuen See 145
Lichtensteinallee 2
10787 Berlin
T 2 54 49 30

Café am Ufer 63
Paul-Lincke-Ufer 42
10999 Berlin
T 61 62 92 00
W www.cafe-am-ufer.de

Café Einstein 83
Kurfürstenstraße 58
10785 Berlin
T 2 61 50 96
W www.cafeeinstein.com

Café im Literaturhaus 90
Fasanenstraße 23
10179 Berlin
T 8 82 54 14
Literaturhaus:
T 8 87 28 60
E literaturhaus@berlin.de
W www.literaturhaus-berlin.de

Café Morgenland 63
Skalitzer Straße 35
10999 Berlin
T 61 13 29 17

Café Savigny 101
Grolmannstraße 53
10623 Berlin
T 31 51 96 12

Café Schoenbrunn 72
Am Schwanenteich, im
Volkspark Friedrichshain
10407 Berlin
T 42 02 81 91

Cantian 46
Cantianstraße 11
10437 Berlin
T 91 20 69 80

Cara Tonga 163
Dircksenstr. 51
10178 Berlin
T 28 38 91 61

Chapeaux 96
Bleibtreustraße 51
10623 Berlin
T 3 12 09 13

Chocolaterie Estrellas 170
Akazienstraße 21
10823 Berlin
T 78 95 66 46

Claudia Skoda 164
Alte Schönhauser Straße 35
10119 Berlin
T 2 80 72 11
W www.claudiaskoda.com

Club 12/34 154
Universal-Gebäude
Stralauer Allee 1
10245 Berlin
T 5 20 07 23 01
W www.club1234.de

Cookies 38
Charlottenstraße 42
10117 Berlin

Cookies Cream 38
Charlottenstraße 45
10117 Berlin
T 20 91 27 27
W www.cookies-cream.de

Cream 144
Schlesische Straße 6
10997 Berlin
T 61 07 49 80
W www.cream-berlin.de

CSA 155
Karl-Marx-Allee 96
10243 Berlin
T 29 04 47 41

Dachgarten – Käfer im Bundestag 137
Reichstag
Platz der Republik 1
11011 Berlin
T 22 62 99 33

Deutsches Historisches Museum 17
Unter den Linden 2
10117 Berlin
T 20 30 40
W www.dhm.de

Diener im Tattersall 149
Grolmannstraße 47
10623 Berlin
T 8 81 53 29

Digalittledeeper 18
Torstraße 102
10119 Berlin
T 97 00 51 06
E contact@digalittledeeper.net
W www.digalittledeeper.net

Die Imaginäre Manufaktur (DIM) 173
Oranienstraße 26
10999 Berlin
T 9 02 98 66 12
E info@blindenanstalt.de
W www.blindenanstalt.de

Dorint am Gendarmenmarkt 114
Charlottenstraße 50–52
10117 Berlin
T 20 37 50
F 20 37 51 00
E reservierung.BERGEN@dorint.com
W www.dorint.de/berlin-gendarmenmarkt

Eigen + Art 27
Auguststraße 26
10117 Berlin
T 2 80 66 05
E berlin@eigen-art.com
W www.eigen-art.com

Eisdieler 46
Kastanienallee 12
10435 Berlin
T 2 85 73 51
W www.eisdieler.de

Engelbecken 103
Witzlebenstraße 31
14057 Berlin
T 6 15 28 10
W www.engelbecken.de

Engelbrecht 139
Schiffbauerdamm 6/7
10117 Berlin
T 28 59 85 85
W www.engelbrecht-berlin.de

Exil Wohnmagazin 55
Backfabrik
Prenzlauer Allee 250
10405 Berlin
T 44 35 09 30
W www.exil-wohnmagazin.de

Facil 140
im Madison Hotel
Potsdamer Straße 3
10785 Berlin
T 5 90 05 12 34
W www.facil-berlin.de

Fadeninsel 68
Oranienstraße 23
10999 Berlin
T 6 15 69 94
W www.fadeninsel.de

Felsenkeller 146
Akazienstraße 2
10823 Berlin
T 7 81 34 47

Fiebelkorn & Kuckuck 98
Bleibtreustraße 4
10623 Berlin
Kuckuck:
T 31 50 71 50
W www.nanna-kuckuck.de
Fiebelkorn:
T 3 12 33 73

Filmmuseum Berlin 38
Sony Center
Potsdamer Straße 2
10785 Berlin
T 3 00 90 30
W www.
filmmuseum-berlin.de

Fiona Bennett 162
Große Hamburger Straße 25
10110 Berlin
T 28 09 63 30
W www.fionabennett.com

Florian 138
Grolmannstraße 52
10623 Berlin
T 3 13 91 84
W www.gastro-lloyd.de

Freischwimmer 71
Vor dem Schlesischen Tor 2a
10997 Berlin
T 61 07 43 09
W www.freischwimmer-
berlin.de

Gainsbourg 148
Savignyplatz 5
10623 Berlin
T 3 13 74 64
W www.gainsbourg.de

Galerie Aedes 101
Savignyplatz, Bogen 600–1
10623 Berlin
T 2 82 70 15
W www.aedes-galerie.de

Galerie Bremer 153
Fasanenstraße 37
10719 Berlin
T 8 81 49 08

Galerie Tagebau 35
Rosenthaler Straße 19
10119 Berlin
T 28 38 48 69

Galerie 2000 98
Knesebeckstaße 56–58
10719 Berlin
T 8 83 84 67

Gallery/Shop 32
Neue Schönhauser Straße 19
10178 Berlin
T 28 09 92 92
W www.neue-
schoenhauser-19.de

GB 30
Auguststraße 77
10178 Berlin
T 28 39 01 03

Gorgonzola Club 151
Dresdener Straße 121
10997 Berlin
T 6 15 64 73

Gottlob 80
Akazienstraße 17
10823 Berlin
T 78 70 80 95

Green Door 148
Winterfeldtstraße 50
10781 Berlin
T 2 15 25 15
W www.greendoor.de

Gugelhof 50
Knaackstraße 37
10435 Berlin
T 4 42 92 29
W www.gugelhof.de

Hackbarth's 30
Auguststraße 49a
10119 Berlin
T 2 82 77 06

Hamburger Bahnhof 36
Invalidenstraße 50–51
10557 Berlin
T 39 78 34 11
W www.hamburgerbahnhof.
de

Hasipop 49
Oderberger Straße 39
10435 Berlin
T 44 03 34 91
W www.hasipop.de

Hasir 27
Oranienburger Straße 4
10178 Berlin
T 28 04 16 16
W www.hasir.de

Hebbel-Theater 65
Stresemannstraße 29
10963 Berlin
T 2 59 00 40
F 25 90 04 49
W www.hebbel-theater.de

Herr von Eden 21
Alte Schönhauser Straße 7
10119 Berlin
T 24 04 86 82
W www.herrvoneden.de

Herz + Stöhr 81
Winterfeldtstraße 52
10781 Berlin
T 2 16 44 25
W www.herz-stoehr.de

Holly 24
Alte Schönhauser Straße 4
10119 Berlin
T 97 89 49 94
W www.holly-berlin.de

Honigmond Garden Hotel 108
Invalidenstraße 122
10115 Berlin
T 28 44 55 77
F 28 44 55 88
E honigmond@t-online.de
W www.honigmond-berlin.de

Hotel Adlon Kempinski 112
Unter den Linden 77
10117 Berlin
T 22 61 0
F 22 61 22 22
E adlon@kempinski.com
W www.hotel-adlon.de

Hotel Bleibtreu 93
Bleibtreustraße 31
10707 Berlin
T 88 47 40
F 88 47 44 44
E info@bleibtreu.com
W www.bleibtreu.com

Hotel Brandenburger Hof 122
Eislebener Straße 14
10789 Berlin
T 21 40 50
F 21 40 51 00
E info@
brandenburger-hof.com
W www.
brandenburger-hof.com

Hugos 136
Hotel Intercontinental
Budapester Straße 2
10787 Berlin
T 26 02 12 63
W www.hugos-restaurant.de

HUT Up 166
Heckmann-Höfe
Oranienburger Straße 32
10117 Berlin
T 28 38 61 05
W www.hutup.de

In't Veld Schokoladen 171
Dunckerstraße 10
10437 Berlin
T 48 62 34 23
W www.intveld.de

Iskele 63
Gegenüber Planufer 82
10967 Berlin
T 69 50 72 65

Jüdisches Museum 60
Lindenstraße 9–14
10969 Berlin
T 25 99 33 00
W www.jmberlin.de

Jules Vernes 90
Schlüterstraße 61
10625 Berlin
T 31 80 94 10

KaDeWe 169
Tauentzienstraße 21–24
10789 Berlin
T 2 12 10
W www.kadewe.de

Kaffee Burger 18
Torstraße 60
10119 Berlin
W www.kaffeeburger.de
www.russendisko.de

Kafka 68
Oranienstraße 204
10999 Berlin
T 6 12 24 29
W www.restaurant-kafka.de

Kaisersaal 41
Bellevuestraße 1
10785 Berlin
T 25 75 14 54
F 25 75 14 56
E info@kaisersaal-berlin.de
W www.kaisersaal-berlin.de

Käthe-Kollwitz-Museum 93
Fasanenstraße 24
T 8 82 52 10
W www.kaethe-kollwitz.de

Kaufhaus Schrill 95
Bleibtreustraße 46
10623 Berlin
T 8 82 40 48
W www.schrill.de

Klemkes Wein- und Spezialitäteneck 95
Mommsenstraße 9
10629 Berlin
T 88 55 12 60

Knofi 64
Bergmannstraße 98
10961 Berlin
T 6 94 58 07

Kochlust 22
Alte Schönhauser
Straße 36/37
10119 Berlin
T 24 63 88 83
W www.kochlust-berlin.de

Kollhoff-Gebäude 41
Potsdamer Platz 1
10785 Berlin
T 25 29 43 72
W www.panoramapunkt.de

KPM 36
Unter den Linden 35
10117 Berlin
T 2 06 41 50
E unterdenlinden@kpm-berlin.de
W www.kpm-berlin.de

Ku'Damm 101 124
Kurfürstendamm 101
10711 Berlin
T 5 20 05 50
F 5 20 05 55 55
E info@kudamm101.com
W www.kudamm101.com

KulturBrauerei 49
Schönhauser Allee 36–39
10435 Berlin
T 44 31 51 52
W www.kulturbrauerei.de

Kulturforum 41
Potsdamer Straße
10772 Berlin
W www.smb.spk-berlin.de/ort/k.html
www.berliner-philharmoniker.de

Kumpelnest 3000 152
Lützowstraße 23
10785 Berlin
T 2 61 69 18

Kunst-Werke Berlin 29
Auguststraße 69
10117 Berlin
T 2 43 45 90
F 24 34 59 99
W www.kw-berlin.de

Liquidrom im Tempodrom 67
Möckernstraße 10
10963 Berlin
T 74 73 71 71
W www.liquidrom.com

Lisa D. 29
Hackesche Höfe, Hof IV
Rosenthaler Straße 40–41
10178 Berlin
T 2 83 43 54
W www.lisad.com

Lubitsch 138
Bleibtreustraße 47
10623 Berlin
T 8 82 37 56

Lucid 21 68
Mariannenstraße 50
10997 Berlin
T 69 51 50 20
W www.lucid21.net

Luise: Hotel + Künstlerheim 110
Luisenstraße 19
10117 Berlin
T 28 44 80
F 28 44 84 48
E info@kuenstlerheim-luise.de
W www.kuenstlerheim-luise.de

Lutter & Wegner 130
Schlüterstraße 55
10629 Berlin
T 8 81 34 40
W www.restaurant lutterundwegner.de

Malatesta 36
Charlottenstraße 59
10117 Berlin
T 20 94 50 71
W www.ristorante-malatesta.de

Madison 116
Potsdamer Straße 3
10785 Berlin
T 5 90 05 00 00
F 5 90 05 05 00
E welcome@madison-berlin.de
W www.madison-berlin.de

Mao Thai 51
Wörther Straße 30
10405 Berlin
T 4 41 92 61
W www.thaipage.com

Marietta 55
Stargarder Straße 13
10437 Berlin
T 43 72 06 46
W www.marietta-bar.de

Martin-Gropius-Bau 60
Niederkirchnerstraße 7/
Stresemannstraße 110
10963 Berlin
T 25 48 61 01
W www.gropiusbau.de

Maxwell 133
Bergstraße 22
10115 Berlin
T 2 80 71 21
W www.mxwl.de

Melanie 171
Goethestraße 4
10623 Berlin
T 3 13 83 30

Menardie 38
Alt Moabit 143–145
10557 Berlin
T 3 94 05 10
W www.menardie.de

Morena 71
Wiener Straße 60
10999 Berlin
T 6 11 35 78
W www.morena-berlin.de

Museum für Fotografie/ Helmut Newton Stiftung 98
Jebensstraße 2
10623 Berlin
T 20 90 55 66
W www.smb.spk-berlin.de

Museumsinsel 17
Am Kupfergraben
10178 Berlin
T 20 90 55 66
W www.smb.spk-berlin.de
www.museumsinsel-berlin.de

Mutabilis 52
Stubbenkammerstraße 4
10437 Berlin
T 44 79 38 16
W www.mutabilis.de

Neues Kranzler Eck 96
Kurfürstendamm/
Kantstraße/
Joachimsthaler Straße
10719 Berlin
W www.neueskranzlereck.de

Newton Bar 157
Charlottenstraße 57
10117 Berlin
T 20 61 29 99
W www.newton-bar.de

90 Grad 83
Dennewitzstraße 37
10785 Berlin
T 27 59 62 31
W www.90grad.com

Nix 165
Heckmann-Höfe
Oranienburger Straße 32
10117 Berlin
T 2 81 80 44
W www.nix.de

Nocti Vagus 55
Saarbrücker Straße 36–38
10405 Berlin
T 74 74 91 23
W www.noctivagus.de

Nola's am Weinberg 18
Veteranenstraße 9
10119 Berlin
T 44 04 07 66
W www.nola.de

Ottenthal 134
Kantstraße 153
10623 Berlin
T 3 13 31 62
W www.ottenthal.de

Paris Bar 131
Kantstraße 152
10623 Berlin
T 3 13 80 52
W www.parisbar.de

Pasternak 150
Knaackstraße 22–24
10405 Berlin
T 4 41 33 99
W www.restaurant-pasternak.de

Patrick Hellmann 93
Fasanenstraße 28–29
10719 Berlin
T 88 48 77 15/8 81 19 85
W www.patrickhellmann.com

Penthesileia 35
Tucholskystraße 31
10117 Berlin
T 2 82 11 52
W www.penthesileia.de

Pfefferberg 46
Fehrbelliner Straße 92
10119 Berlin
T 44 38 34 89
W www.pfefferberg.de

Pratergarten & Hecht Club 147
Kastanienallee 7–9
10435 Berlin
T 4 48 56 88
W www.pratergarten.de

Pro QM 172
Alte Schönhauser Straße 48
10119 Berlin
T 24 72 85 20
W www.pro-qm.de

Propeller Island City Lodge 118
Albrecht-Achilles-Straße 58
10709 Berlin
T 8 91 90 16
F 8 92 87 21
W www.propeller-island.com

Q! 120
Knesebeckstraße 67
10623 Berlin
T 81 00 66 0
F 8 10 06 66 66
E q-berlin@loock-hotels.com
W www.q-berlin.de

QIU 157
Potsdamer Straße 3
10785 Berlin
T 59 00 00 00
W www.qiu.de

Q3A 154
Stralauer Allee 2c
10245 Berlin
T 29 35 29 14
W www.q3a-berlin.de

re-store 35
Auguststraße 3
10117 Berlin
T 28 09 58 42
W www.re-store.de

Revanche de la Femme 96
Uhlandstraße 50
10719 Berlin
T 88 91 26 72
W www.revanchedelafemme.de

Rio 96
Bleibtreustraße 52
10623 Berlin
T 3 13 31 52

Riva 30
Dircksenstraße, Bogen 142
10178 Berlin
T 24 72 26 88
W www.riva-berlin.de

RoomSafari 49
Swinemünder Straße 6
10435 Berlin
T 44 30 82 95
W www.roomsafari.com

Rote Harfe/ Orient Lounge 153
Oranienstraße 13
10999 Berlin
T 6 18 44 46
W www.orient-lounge.com

R.S.V.P. Papier in Mitte 172
Mulackstraße 14
10119 Berlin
T 28 09 46 44
W www.rsvp-berlin.de

Rum Trader 93
Fasanenstraße 40
10719 Berlin
T 8 81 14 28

Sabine Kniesche 52
Knaackstraße 33
10405 Berlin
T 40 50 04 05
W www.sabinekniesche.de

Sale e Tabacchi 141
Kochstraße 18
10969 Berlin
T 2 52 11 55
W www.gourmetguide.com/saleetabacchi

Sammlung DaimlerChrysler 39
Haus Huth
Potsdamer Straße 5
10785 Berlin
T 25 94 14 20
W www.sammlung.daimlerchrysler.com

Sammlung Hoffmann 23
Sophienstraße 21
10178 Berlin
T 28 49 91 21
W www.sophie-gips.de

Saunabad 52
Rykestraße 10
10405 Berlin
T 44 04 63 97
W www.saunabad-berlin.de

Schaubühne im Mendelssohn-Bau 103
Kurfürstendamm 153
10709 Berlin
T 89 00 20
F 89 00 21 90
E ticket@schaubuehne.de
W www.schaubuehne.de

Schelpmeier 52
Knaackstraße 20a
10405 Berlin
T 39 10 24 20

Schloss Charlottenburg 103
Spandauer Damm 20–24
14059 Berlin
T 32 09 14 40
W www.spsg.de

Schokoladenfabrik 68
Mariannenstraße 6
10997 Berlin
T 6 15 14 64
W www.schokofabrik.de

Schuhtanten 63
Paul-Lincke-Ufer 44
10999 Berlin
T 61 62 97 56
W www.schuhtanten.de

Schwarzenraben 22
Neue Schönhauser Straße 13
10178 Berlin
T 28 39 16 98
W www.schwarzenraben.de

Shima 78
Schwäbische Straße 5
10781 Berlin
T 2 11 19 90
W www.shima-world.de

Sony Center 38
Potsdamer Platz
10785 Berlin
T 25 75 57 58
W www.sonycenter.de

Sophiensaele 24
Sophienstraße 18
10178 Berlin
T 27 89 00 30
F 2 83 52 67
E info@sophiensaele.com
W www.sophiensaele.de

Stilwerk 96
Kantstraße 17
10623 Berlin
T 31 51 55 00
W www.stilwerk.de

Storch 134
Wartburgstraße 54
10823 Berlin
T 7 84 20 59
W www.storch-berlin.de

Strandbad 49
Wörther Straße 12
10435 Berlin
T 70 72 79 22

Südwind 80
Akazienstraße 7
10823 Berlin
T 7 82 04 39
W www.suedwind.net

suitcasearchitecture 49
Choriner Straße 54
10435 Berlin
T 44 04 59 33
W www.suitcasearchitecture.de

Tacheles 36
Oranienburger Straße 54 56
10117 Berlin
T 28 39 15 08
W www.tacheles.de

Tadshikische Teestube/ Die Möwe 145
Palais am Festungsgraben
Am Festungsgraben 1
10117 Berlin
T 20 61 05 40
W www.restaurant-moewe.de

TaschenDesign Accessoires Monia Herbst 21
Torstraße 97
10119 Berlin
T 4 40 29 91
W www.moniaherbst.de

Thatchers 28
Hackesche Höfe
Rosenthaler Straße 40–41
10178 Berlin
T 27 58 22 10
W www.thatchers.de

Topographie des Terrors 60
Niederkirchnerstraße 8
10963 Berlin
T 25 48 67 03
W www.topographie.de

Tosh 52
Sredzkistraße 56
10405 Berlin
T 44 03 83 50
W www.tosh.de

Trippen 161
trippen flagship
Hackesche Höfe, Hof IV–VI
Rosenthaler Straße 40–41
10178 Berlin
trippen gallery
Alte Schönhauser Str. 45
10119 Berlin
trippen family
Knaackstr. 26
10405 Berlin
T 28 39 13 37
W www.trippen-shoes.com

Universum Lounge 103
Kurfürstendamm 153
10709 Berlin
T 89 06 49 94

Unsicht-Bar Berlin 32
Gormannstraße 14
10119 Berlin
T 24 34 25 00
W www.
unsicht-bar-berlin.de

Victoria Bar 83
Potsdamer Straße 102
10785 Berlin
T 25 75 99 77
W www.victoriabar.de

Viel Spiel 27
Große Hamburger Straße 28
10110 Berlin
T 96 06 52 66
W www.vielspiel.de

Volksbühne: Roter und Grüner Salon 156
Rosa-Luxemburg-Platz 2
10178 Berlin
Roter Salon:
T 24 06 58 06
W www.roter-salon.de
Grüner Salon:
T 28 59 89 36
W www.gruener-salon.de

VorOrt 24
Alte Schönhauser Straße 47
10119 Berlin
T 24 72 47 31

Watergate 144
Falckensteinstraße 49
10997 Berlin
T 61 28 03 94
W www.water-gate.de

Weinerei 68
Veteranenstraße 14
10119 Berlin
T/F 4 40 69 83
W www.weinerei.com

Wein Guy 128
Luisenstraße 19
10117 Berlin
T 28 09 84 84
W www.weinguy.de

Weinhandlung Baumgart & Braun 50
Wörther Straße 21
10405 Berlin
T 4 40 62 95

Weinrestaurant Risacher 101
Savignyplatz 11
10623 Berlin
T 3 13 86 97

Weinrot 132
Savoy Hotel
Fasanenstraße 9–10
10623 Berlin
T 31 10 30
W www.hotel-savoy.com

Whisky & Cigars 168
Sophienstraße 23
10178 Berlin
T 2 82 03 76
W www.whisky-cigars.de

Wohnmaschine 23
Tucholskystraße 35
10117 Berlin
T 30 87 20 15
W www.wohnmaschine.de

Wohnzimmer 55
Lettestraße 6
10405 Berlin
T 4 45 54 58

WMF 18
Karl-Marx Allee 34/
Ecke Schillingstraße
10178 Berlin
T 2 88 78 89 10
W www.wmfclub.de

Würgeengel 151
Dresdener Straße 122
10997 Berlin
T 6 15 55 60

Yoshiharu Ito 27
Auguststraße 19
10117 Berlin
T 44 04 44 90
W www.yoshiharu-ito.de

Zigarren Herzog 95
Ludwigkirchplatz 1
10719 Berlin
T 88 68 23 40
W www.zigarren-herzog.com

Grunewald & Wannsee 176

Grunewald erreichen Sie mit der S 7, die alle Stationen der Stammstrecke zwischen Alexanderplatz und Zoologischer Garten anfährt. Mit dem Auto folgen Sie dem Hohenzollerndamm, der in die Clayallee übergeht.

Schlosshotel Vier Jahreszeiten
Brahmsstraße 10
14193 Berlin
T (030) 89 58 40
F (030) 89 58 48 00
E info@schlosshotelberlin.com
W www.schlosshotelberlin.com

Brückemuseum
Bussardsteig 9
14195 Berlin
T (030) 8 31 20 29
F (030) 8 31 59 61
E bruecke-museum@t-online.de
W www.bruecke-museum.de

Villa Liebermann
Am Großen Wannsee 42
(Eingang: Colomierstraße 3)
14109 Berlin
T (030) 80 58 38 30
F (030) 80 58 38 32
E info@liebermann-villa.de
W www.liebermann-villa.de

Potsdam 180

Die S 1 und die S 7 fahren bis nach Potsdam (ca. 45 Min.). Autofahrer folgen der Clayallee und biegen rechts in die Potsdamer Chaussee ab (ausgeschildert). Die Strecke bis zur und über die Glienicker Brücke ist landschaftlich besonders schön.

Juliette
Jägerstraße 39
14467 Potsdam
T (03 31) 2 70 17 91
W www.restaurant-juliette.de

Schloss und Park Sanssouci
Schloss Charlottenhof
Maulbeerallee
14469 Potsdam
T (03 31) 9 69 41 90
W www.spsg.de
www.sanssouci-sightseeing.de
www.park-sanssouci.de

Schloss Cecilienhof
Neuer Garten
14414 Potsdam
T (03 31) 96 94 200/201
W www.spsg.de

Heiligendamm 182

Es gibt keine direkte Zugverbindung von Berlin, die Anreise ist umständlich und dauert 4 bis 5 Stunden. Deutlich schneller geht es mit dem Auto: Fahren Sie auf der A 10/A 19 bis Rostock, dann auf der Straße 105 bis Bad Doberan. Folgen Sie der Ausschilderung nach Heiligendamm (ca. 2,5 Std.).

Grand Hotel Heiligendamm
18209 Heiligendamm
T (03 82 03) 7 40 0
F (03 82 03) 7 40 74 74
E reservations.heiligendamm@kempinski.com
W www.kempinski-heiligendamm.com

Quedlinburg 184

Züge fahren vom Bahnhof Zoo nach Quedlinburg, mit Umsteigen in Magdeburg (3 Std.). Mit dem Auto fährt man auf der A 10/A 2/A 14 bis Magdeburg-Sudenburg, danach folgt man der Ausschilderung (ca. 3 Std.).

Käsekuchenbäckerei Vincent
Schlossberg 13
06484 Quedlinburg

Lyonel-Feininger-Galerie
Finkenherd 5a
06484 Quedlinburg
T (0 39 46) 9 46 23 84
W www.feininger-galerie.de

Romantik Hotel Theophano
Markt 13–14
06484 Quedlinburg
T (0 39 46) 96 30 0
F (0 39 46) 96 30 36
E theophano@t-online.de
W www.hoteltheophano.de